Das große Bastelbuch

Gert Lindner

Das große Bastelbuch

Ein Beschäftigungsbuch für Kinder, Eltern, Lehrer und Erzieher

VERLAG MARTIN GREIL GMBH

Sämtliche Abbildungen und Layout:
Gert Lindner, Reinbek
Redaktion: Dr. Ernö Zeltner

Umschlaggestaltung: Roberto Patelli
Satz: Kurt Schindler Bild- und Textverarbeitung GmbH, München
Lithos: La Cromolito, Mailand
Druck und Bindung: Neue Stalling, Oldenburg

ISBN 3-89430-804-4

Inhalt

Einleitung

Es begann damit, daß Mathias eines Tages ins Zimmer kam und um »eine Menge Papier und Klebe« bat. Ziemlich unbedacht griff ich ein paar größere Zeichenblätter aus einer Mappe und legte die Tube Alleskleber dazu. – »Sonst noch was?« – »Nein, danke! – Das heißt, die Schere und ein Lineal könntest du mir noch leihen!« Eine geraume Zeit später schallte es über den Flur: »Papa, kannste mal kommen?«

Mathias hat mit spielerischer Phantasie ein Haus gebaut. Ihm ging es zunächst um einen Grundkörper, an dem sich dann mehrere Funktionsteile (Schornstein, verschließbare Fenster und Türen und eine im Hausinneren zusammengerollt liegende »Strickleiter«, um vom Tisch auf den Teppich zu kommen) anbringen ließen. – Ein Haus mit Besonderheiten, wofür sich in der Wirklichkeit nichts Vergleichbares findet.

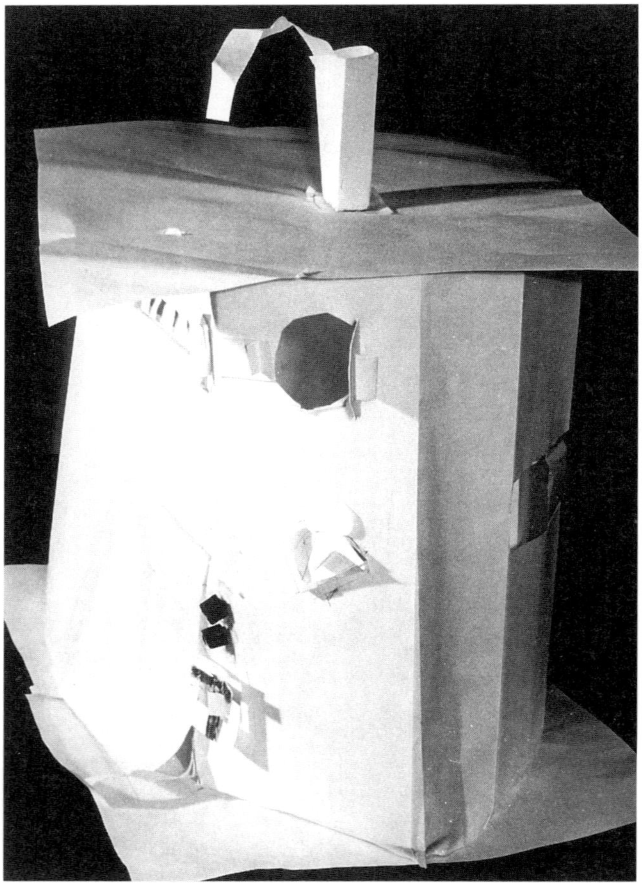

Ich staunte: Da stand etwas, auf ein Blatt Zeichenpapier montiert, das zunächst allen gültigen Regeln der Baukunst zu widersprechen schien. Ein Haus sollte es wohl sein! Es glich aber mehr einer Art Büchse mit ostereiförmigem Boden, einer Hohlform – ähnlich einem verbeulten Behälter, mit dem die Jungen auf der Straße Fußball gespielt hatten. Dennoch entsprach das Ding vollkommen einem Haus, einer Wohnhöhle mit Dach und Schornstein – rauchend! – und mit allen möglichen Luftlöchern und Eingängen. – Das Ganze präsentierte sich mir zunächst in einem seltsam verschlossenen Zustand.
Ob ich das Haus einmal öffnen wolle? – Ich hatte etwas Mühe, den mit Buntstift schwarz eingefärbten »Pflock« aus dem dazugehörigen »Bügel« zu ziehen. In das Innere vorzudringen wagte ich nicht, weil mir dieses im wahrsten Sinne des Wortes »verrammelt« erschien. Es lag da, gleich hinter der Tür, mattenartig aufgerollt, ein Haufen Schnippelwerk, mit dem es – nach dem Kennerblick in den Augen meines Sohnes – noch seine besondere Bewandtnis haben mußte. Auf die Frage, was das Bündel denn bedeute, wurde es herausgezogen und als eine Art Strickleiter vorgeführt, die von der Tischfläche fast bis auf den Fußboden reichte. Eine einfache Lösung, um den Bewohnern des Hauses den Abstieg auf den Teppich zu ermöglichen: »Und wenn man die Tür zumachen will, rollt man die Strickleiter einfach zusammen und legt sie in das Haus hinein!«
Die »Fenster«! – Ein kreisrundes Loch mit einer runden Deckelklappe und »bequemem« Klemmverschluß mochte an ein großes Bullauge erinnern. Mit diesem Auge schaute das Bauwerk drohend in die Wohnzimmergegend. Dann gab es noch ein »Schiebefenster« (den Lüftungsklappen an der Terrassentür abgeguckt) und ein »Dreieckfenster«, einer Schütte ähnlich, aber phantastisch konstruiert und zu handhaben.
Wahrhaftig ein raffiniertes Haus für Individualisten, nur mit einer Strickleiter erreichbar, mit einer zwar mehr »gewordenen« als gedachten, aber immerhin akzeptablen Form – und mit Fenstern, die auch nicht gerade unserer herkömmlichen Vorstellung von Wandöffnungen entsprachen!
Mathias stand neben mir und sah mich an. Ich konnte ihm nur noch über das Haar streichen. Ich dachte: Laß dir deine Phantasie nicht rauben, mein Junge! – »Poein« nannten die Griechen einst das ursprünglich vom Menschen Gemachte. Sie wußten, daß es unmittelbar mit dem Göttlichen in uns zu tun hat.

Der Spielgedanke steht im Vordergrund

Wir wissen, daß Kinder spielen müssen, ja, daß auf bestimmten Stufen ihrer Entwicklung Spielen der Hauptinhalt ihres Lebens ist. Dazu gehört auch das Bereitstellen von Spielzeug, denn Spielen ist immer auch ein »Spielen mit etwas«. Wenn das Spiel in Gang kommt, dann spielt nicht nur das Kind mit dem Spielzeug, sondern anders gesehen auch »das Spielzeug mit dem Kind«, indem es dieses vor immer wieder neue, unerwartete Probleme stellt.

Zu den beliebtesten Spielzeugen einer bestimmten Altersstufe gehören Figuren und die dazugehörigen Requisiten, mit denen das Kind entsprechende Situationen – Nachbilder von Wirklichkeiten – erstellen kann. Die Verkaufserfolge bekannter Spielzeughersteller bestätigen das. Wenn wir diesem augenfällig glatten und vom Erwachsenen bis ins Detail »vorgedachten« Plastikspielzeug die kindliche Eigenproduktion gegenüberstellen, dann wollen wir dem Kind zunächst einen größeren Freiraum für seine eigenen phantasievollen Spielwelten schaffen.

Deutlich tritt hier auch ein Unterschied zwischen sogenanntem »Dauerspielzeug« und für den Augenblick geschaffenem »Gelegenheitsspielzeug« zutage. Es zeigt sich, daß das vom Erwachsenen in einer Spielidee meist weitgehend festgelegte Dauerspielzeug für das Kind bald mehr und mehr uninteressant wird (Reizabbau), wogegen das für den Augenblick selbst hergestellte Gelegenheitsspielzeug von vornherein immer wieder »frisch« ist.

Die im vorderen Teil des Buches vorgeschlagenen Faltfiguren haben für das Kind einen besonderen Reiz, weil sie sich außerhalb der Faltgänge der eigenen kindlichen Idee entsprechend ausgestalten lassen. Wichtig ist auch die Erfahrung, daß man aus eigener Kraft etwas machen kann; so werden Kinder in hohem Maße zu schöpferischem Tun angeregt.

Der Übergang zum konstruktiven Basteln

Erfahrungen zeigen, daß sich ein Kind von vornherein auch konstruktiv verhalten kann. Jetzt suchen wir nach Problemstellungen, in denen es Phänomenen begegnet, denen elementare technische Sachverhalte zugrunde liegen. Die Befestigung einer Radscheibe auf einer Achse, um einen Gegenstand fahrbar zu machen, ist zum Beispiel so ein Phänomen. Ein anderes ist die Lenkung eines Fahrzeugs oder der Versuch, eine Last zu heben (Seilwinde, Kran), einem anderen Menschen aus der Ferne eine Mitteilung zu machen (Zeichengeber, Bindfadentelefon), ein optisches oder akustisches Signal auszulösen usw. – Kinder sind gern »erfinderisch« aktiv. Die Erfahrungen, die sie sich hierbei erwerben, sind so bedeutsam, daß sie sich damit weitere Bereiche ihrer technischen Umwelt erschließen können.

Es begann damit, daß Mathias eines Tages um Bastelpapier, Kleber und eine Schere bat. – Hinterher konnte man nur noch wurstelnde Finger, zeitweiliges Knacken und ab und zu aufgeregtes Schnaufen registrieren, – letzteres ein Zeichen dafür, daß alles nicht so ging, wie es wohl sollte. Immerhin, die Eisenbahn ist fertig und wird stolz vorgeführt. Sie hat Räder, die sich sogar drehen, und nicht umkippen, obwohl sie nur aus dünner Pappe bestehen!

Nun mag man auf den Gedanken kommen, daß sich Zusammenhänge wie die hier vorgestellten viel leichter mit Hilfe eines technischen Baukastens realisieren lassen. Sicher! Dennoch schlagen wir vor, die Aufgaben an die Verwendung möglichst «unangepaßten« Materials zu binden. Die in den technischen Spielbaukästen vorhandenen Funktionsteile (Achsen, Räder, Antriebsspiralen, Gestellteile) sind vom Hersteller bereits bis ins Letzte durchkonstruiert, – sie funktionieren problemlos. Damit erlauben sie nur noch ein Kombinieren (Montieren), wodurch die Sache zu einem Spiel des technischen Verständnisses wird. Zum »technisch-konstruktiven« Tun aber, um das es uns weit mehr geht, gehört gerade auch das »Zurichten der Teile« und ihr versuchsweise mühevolles Einpassen in den beabsichtigten Funktionszusammenhang.

Das Kind konstruiert, indem es seine Vermutung über die Lösung des gestellten Problems in das Material umsetzt. – Ein Brettchen oder Leistenabschnitt findet sich im Hause. Nägel und Beilagen ebenfalls. Dübelrundholz und Querholzscheiben (siehe Seite 89) gibt es in der Werkzeughandlung.

Sicher, es handelt sich hier auch um Basteleien, bei denen schon bestimmte Arbeitstechniken berücksichtigt werden müssen, um das Material zu bewältigen. Vereinfachung ist nur beschränkt möglich. Das Bereitstellen des notwendigen Grundwerkzeuges ist unerläßlich. Das gilt aber für alle Bereiche, wenn Basteln nicht von vornherein als »Pfuschproduktion« gesehen werden soll.

Puppen, Masken und andere phantastische Ergebnisse des »schöpferischen Tuns«

In jedem Kinde ist von Natur aus ein unbändiger Drang zum plastischen Schaffen lebendig, und alle Materialien, die sich irgendwie verwenden lassen, müssen ihm dabei dienen. Die große Formbegeisterung des Kindes können wir im Sommer in der Sandkiste und im Winter beim Schneemannbauen beobachten. Es ist, als wäre das Kind schon an jenem ersten Schöpfungstag mit dabei gewesen, als Gottvater aus einem Klumpen Lehm den Adam formte, danach die Eva samt den vielen bunten Vögeln, Schmetterlingen, Fischen und den anderen Tieren. Mag sein, daß die Reihenfolge dieser Aufzählung falsch ist, und daß der naturwissenschaftliche Ansatz dieser alten Geschichte nicht stimmt. Eines aber muß stimmen: Die Natur brachte diese Wesen ohne jedes Vorbild hervor – jeweils in zwar evolutionsbedingt zwangsläufigen, aber doch einzigartigen und ursprünglichen Akten. Und wenn uns als Menschen etwas »Göttliches« anhaften sollte – wie wir so oft gesagt bekommen –, dann wäre es wohl das Phänomen, daß wir von Natur aus mit Phantasie begabt sind und etwas »aus uns heraus« schaffen können.

Ein Kind steht schöpferischen Fragen noch weit aufgeschlossener gegenüber als der Erwachsene. Es liegt an uns, das zu beachten, zu fördern, darüber zu wachen, daß der sprudelnde Quell nicht vorzeitig versiegt. Der Weg, der jeden Menschen zum eigenen Schaffen führen und zurückführen kann, ist bekannt. Er beginnt und endet im Spiel, im ungezwungenen Kommen- und Gehenlassen der Einfälle. Beim Basteln empfindet das Kind die ursprüngliche Lust am Umgang mit Material und Werkzeug, die anregt, Entdeckungen vermittelt, «Spielregeln« auslöst, deren Befolgung auch schon zu gezielten gestalterischen Vorhaben führen kann (siehe die Seiten 56 und 74). Zufall, Intuition, Improvisation sind es, die das gestalterische Tun vor allem beflügeln.

Rat und Hilfe?

Schließlich taucht die Frage auf: Sollen wir helfen? In welchem Maße sollen wir helfen – und wann? Gehen wir zunächst davon aus, daß spielendes Basteln für das Kind ein Wert an sich ist, dem Erwachsene oft keinen offensichtlichen »Nutzen« zuzuerkennen vermögen.

Wir, die wir mit jeder Handlung, die wir vollbringen, mit jeder Minute, die wir aufwenden, zu rechnen gewohnt sind, unterliegen leicht der Versuchung, dem Kinde den »kürzeren« und »zweckmäßigeren« Weg zu weisen. Erfahrungserfolge stellen sich für das Kind aber meist gerade nicht auf dem kürzesten, sondern oft auf recht umständlichen Wegen ein.

Und wie steht es mit unserer »formalen Sicht« der Dinge? – Die Bastelergebnisse des Kindes sind in ihrem Aussehen oft weit entfernt von dem, was Erwachsene so allgemein als »schön« oder »ordentlich« ansehen. Man sollte keinesfalls diese Sicht zum Maßstab für die Beurteilung kindlicher Bastelarbeiten machen oder gar dem Kinde abverlangen! – Nur Arbeitende sind an den Zwang einer Aufgabe gebunden. In der Freiheit seine Unternehmungen aus sich heraus und seinen augenblicklichen Bedürfnissen entsprechend auch immer wieder neu zu orientieren, findet das Kind ganz von selbst zu einem »geordneten Umgang mit Materialien«, dem natürlich eine ganz andere als die dem Erwachse-

nen selbstverständliche »Ordnung« zugrunde liegt.
»Rat« setzt voraus, daß jemand eine Beratung braucht. Einem Menschen, der keinen Rat braucht, kann man auch keinen geben, – man kann ihm höchstens einen Rat aufdrängen, und das ist, wie jeder aus Erfahrung weiß, eine üble Sache!
Der Begriff »Tat« umschreibt wiederum die Notwendigkeit, wirklich zur Stelle zu sein, wenn man gebraucht wird. Tatsächlich sind unsere Kinder öfter, als wir vielleicht wahrhaben mögen, auf unsere liebevolle Hilfe angewiesen.
Vielleicht sind sie gerade erst zur Schule gekommen. Lesen und Schreiben haben sie noch nicht gelernt. Auch die Texte dieses Bastelbuches sind ihnen zunächst noch nicht oder nur schwer zugänglich. Dennoch blättern sie neugierig in dem Buch und betrachten die Bilder. Auch von diesen gehen Anregungen aus. Die Kinder benutzen das Buch zunächst als eine Art »Checkliste« für immer wieder neue Vorhaben. Was und wie dann etwas ausgeführt wird, ist eine andere Sache! Es wäre nicht gut, wollten wir diese spontanen Ideen am fehlenden Material oder Instrumentarium scheitern lassen.
Spendieren wir ihnen also ein paar Bogen steifes Bastelpapier, ein bißchen Alleskleber und ein paar Farben. Es muß nicht gerade zu Weihnachten oder zum Geburtstag sein. Und Peter, schon ein paar Jahre älter, braucht dringend eine Laubsäge und den dazugehörigen Platz zum Sägen, vielleicht auch schon eine Rolle Draht und einen Lötkolben. Vielleicht benötigt er auch

ganz anderes Material oder Werkzeug. Schenken wir es ihm! Wir gehen dann hinaus und kümmern uns vorerst nicht mehr darum! Die heimlichen Ideen wollen nämlich allein wirksam werden – ungestört und nicht mit unseren »Ratschlägen« belastet.

Mit Faltpapier, Schere und Klebstoff

Mit gekauften Plastikfiguren kann man gewiß wunderbar spielen. Spannender aber ist es, wenn ihr euch euer Spielzeug selbst bastelt. Farbiges Papier ist leicht zu beschaffen. Wenn ihr erst einmal damit begonnen habt, kommt ihr so schnell nicht wieder davon los!

Wenn ihr euch im Sommer draußen eure Spielgärten oder Sandburgen baut, dann fehlen euch mitunter ein paar Tiere. Was ist schon ein Teich ohne das schwimmende Entengeflügel, ein Bauernhof ohne Schweine, eine Burg ohne Reiter! Aber auch wenn es draußen regnet und ihr auf dem Fußboden im Wohnzimmer eure Spielwelt aufbauen wollt, könnt ihr ein paar schmucke Schiffe gut gebrauchen. In die eine Zimmerecke baut ihr Hamburg, in die andere San Franzisko. Der Teppich ist der große Ozean mit vielen Inseln und Erdteilen, die von euren Schiffen angelaufen und mit Waren versorgt werden. In diesem Teil des Buches findet ihr also einiges, mit dem euch das Spielen Spaß machen wird. Ihr braucht dazu: Faltpapier, Schere, Bleistift und einen guten Papierkleber. Für größere Figuren sollte das Papier ein wenig fester sein. Zum Studium der Faltvorschläge rate ich euch: Die Bilder angucken, den Text mehrmals durchlesen! Meistens liest man doch erst einmal darüber hinweg. Beim zweiten Lesen begreift man schon mehr davon. Schließlich studiert ihr noch einmal genau Satz für Satz. Erst wenn alles nicht weiterhilft, bittet ihr Vati oder Mutti um Hilfe.

Wir falten einen Schweinehof

Dazu braucht ihr außer den gestreiften Ferkeln, der alten Muttersau und dem großen Eber auch Bäume, Sträucher und einen guten Koppelzaun. Ohne Zaun brechen euch die Tiere aus und wühlen im Nachbarfeld herum. Das gibt Ärger! Also schneidet ihr euch nach eigener Phantasie einen Zaun aus dunklem Karton. Ein langer Streifen genügt und kann auch um die Ecke gebogen werden. Bäume und Sträucher macht man am besten im Faltschnitt: Man legt zwei gleich große Papierstücke übereinander und wie ein Heft zusammen. Der Faltrücken ist sozusagen der Stamm des Baumes. Er muß also geschlossen bleiben. So zeichnet ihr auf dem zusammengefalteten Papier zunächst nur den halben Baum vor. Diesen schneidet ihr aus. Nach dem Auseinanderfalten habt ihr zwei gleichseitige Baumfiguren, die ihr einmal von oben und einmal von unten her im Faltkniff bis zur Mitte einschneiden und kreuzweise ineinanderstecken könnt. Auf den Abbildungen unten könnt ihr sehen, wie das gemacht wird. Damit diese Steckverbindung auch hält, klebt ihr noch kleine Papierwinkel in die Ecken.

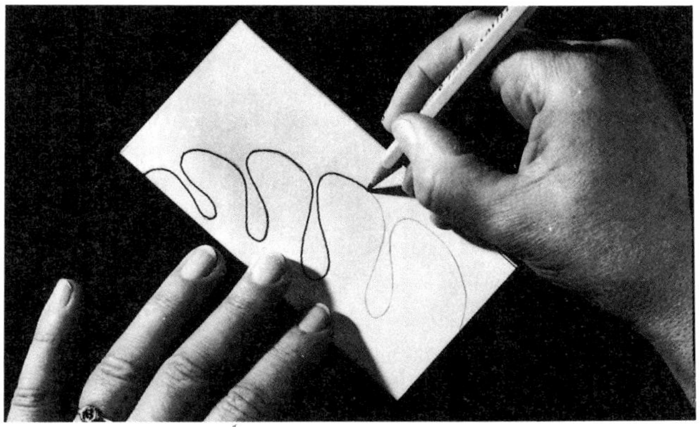

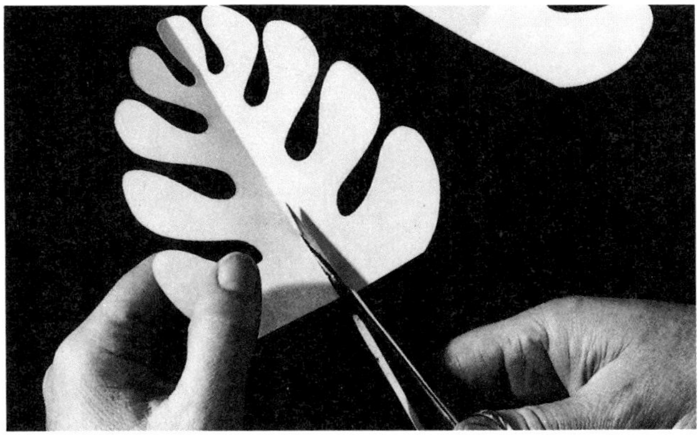

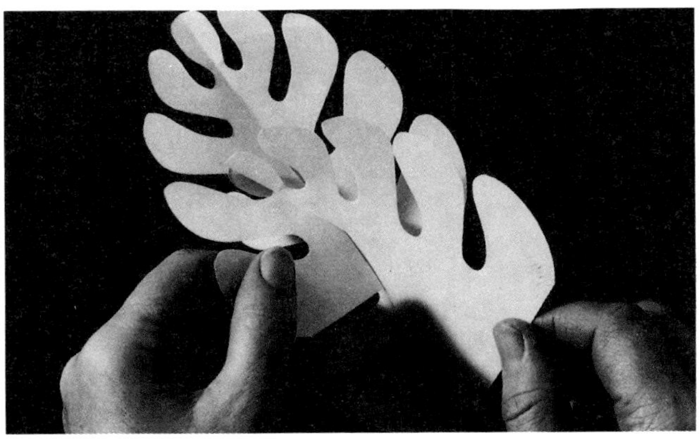

Faltanweisung für das »Schweinchen« (siehe dazu die Abbildungen a – l auf der nächsten Seite):

1. Wir falten ein quadratisches Blatt Rand auf Rand zur Hälfte und beide Ränder in gleicher Richtung zur Mitte (a).
2. Wir falten die beiden kurzen Seiten Rand auf Rand übereinander und wieder zurück – und drehen die Faltung um (b).
3. Nun die beiden kurzen Ränder zur Mitte (c).
4. Wir fassen mit dem Finger in eine der vier quadratischen Ecktaschen, heben diese hoch und falten sie seitlich zum Dreieck auseinander (e). Das machen wir an allen vier Ecken. So entsteht die Faltform (f).
5. Nun legen wir die beiden Quadrate auf dieser Faltung von der Mitte aus nach außen zusammen (g) – und schlagen die untere Hälfte der Faltung mit den langen Seiten Rand auf Rand nach oben übereinander (h).
6. Diese Faltung hat an jeder Seite drei Zipfel. Einer wird zurückgenommen und mit seinem schrägen Rand an die senkrechte Knicklinie gefaltet (i). Auf diese Weise bekommt das Schweinchen sein Bein. Das machen wir also insgesamt viermal: zweimal vorn und zwei-

Die Abbildungen auf der rechten Seite zeigen euch von oben nach unten:
So wird entlang der Faltkante auf einem doppelt zusammengelegten Papier der halbe »Baum« vorgezeichnet, ausgeschnitten und auseinandergeklappt. Fällt euch auf, daß die beiden – so im »Faltschnitt« – gewonnenen Teile in ihren beiden Hälften gleich aussehen? Man nennt das »symmetrisch«.
Jetzt schneidet ihr den einen Teil entlang der Faltlinie von unten bis zur Mitte ein, den anderen von oben.
So könnt ihr die beiden Baumhälften kreuzweise ineinanderstecken.

mal hinten, wobei wir die hinteren Zipfel nicht erst zurückschlagen müssen, weil sie dort schon von vornherein richtig liegen. Es kommt darauf an, daß die Knie bei allen Beinen in die gleiche Richtung zeigen (j).

7. Wo ist bei diesem Schweinchen vorn – und wo ist hinten? Merke: Die Knie zeigen nach hinten! Hinten also – schlagt ihr das obenaufliegende Bein noch einmal zurück, damit ihr den mittleren Zipfel mit seinem unteren Rand zweimal nach oben umknicken könnt (k). So bekommt das Schweinchen einen »Kringelschwanz« (l).
8. Am vorderen Zipfel schneiden wir die Schnauzenspitze schräg ab (l).

a–d

e–h

i–l

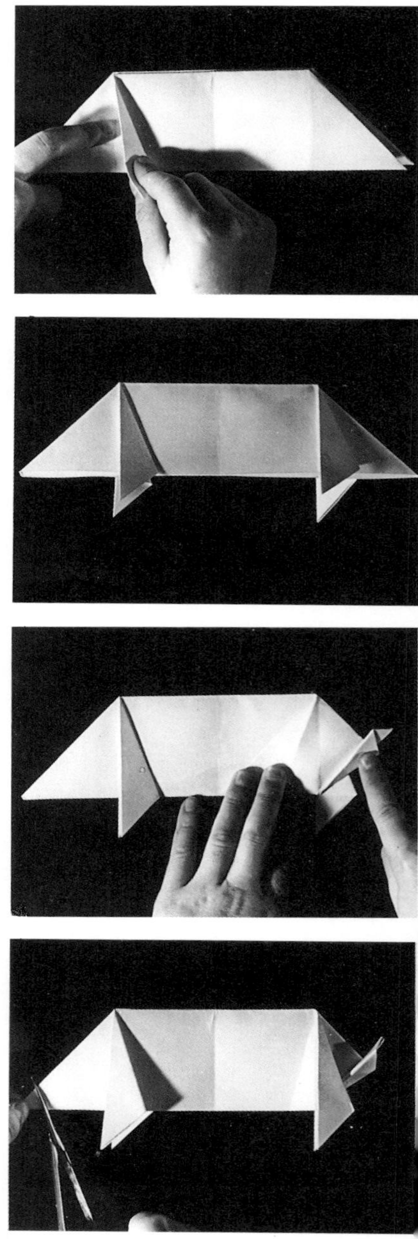

Schöne Schollen und eine glückliche Entenfamilie

Schollen sind bekanntlich sehr flache Fische, die ein schräges Maul und beide Augen auf einer Seite haben. Sie leben in den seichteren Bereichen der Meere, zum Beispiel der Nordsee. Dort liegen sie, durch die Färbung ihrer Schuppen gut getarnt, flach auf dem Grund, beobachten das Wasser über sich und beginnen erst dann davonzuschwimmen, wenn ein Badegast versehentlich mit dem Fuß auf sie tritt oder sie durch etwas anderes aufgescheucht werden. Es ist klar, daß unsere gefalteten Papiergebilde den wirklichen Schollen nur sehr entfernt ähneln.

Was machen wir damit? Wir können sie zum Beispiel anmalen und der Oma heimlich auf den Teppich legen. Sie wird Augen machen, wenn sie plötzlich überall in der Wohnung auf diese »unheimlichen« Tiere stößt! – Oder vielleicht spielt ihr gerade Wochenmarkt und braucht dringend »frische Schollen« für den Fischstand? – Auch an ein »Mobile« könnt ihr die hübschen Figuren hängen. Sie bewegen sich dann in der Raumluft des Zimmers geheimnisvoll wie Fische in einem Aquarium. Schließlich braucht ihr sie auch für ein Angelspiel: Ihr steckt den gefalteten Fischen einen Drahtring durchs Maul, legt sie in einen großen, oben offenen Pappkarton und versucht sie dann aus einiger Entfernung mit einer passend zugerichteten Angel herauszuangeln. Wie eine Angel aussieht, weiß jeder. Den Haken aus Draht werdet ihr schon hinbekommen!

Die Faltungen für diese und die nachfolgenden Figuren (Pferd und Reiter) sind miteinander verwandt. Alle beginnen mit der gleichen Ausgangsfaltung und beruhen auf nur geringen Veränderungen der einzelnen Faltschritte.

Faltanweisung für die »Scholle« (siehe dazu die Abbildungen a – g auf dieser Seite unten):

1. Wir beginnen mit der Ausgangsfaltung: Wir kniffen in ein quadratisches Blatt Ecke auf Ecke ein Schrägkreuz, – wenden um! – und nun nach der anderen Seite Rand auf Rand ein Mittelkreuz. Wieder wenden wir das Blatt. Nun falten wir durch Umlegen der vier Ecken zur Blattmitte eine Art »Briefumschlag«. Diese Faltung wird nicht wieder geöffnet. Noch einmal wenden wir und falten nun weiter nach der anderen Seite einen »kleinen

a – c

d – g

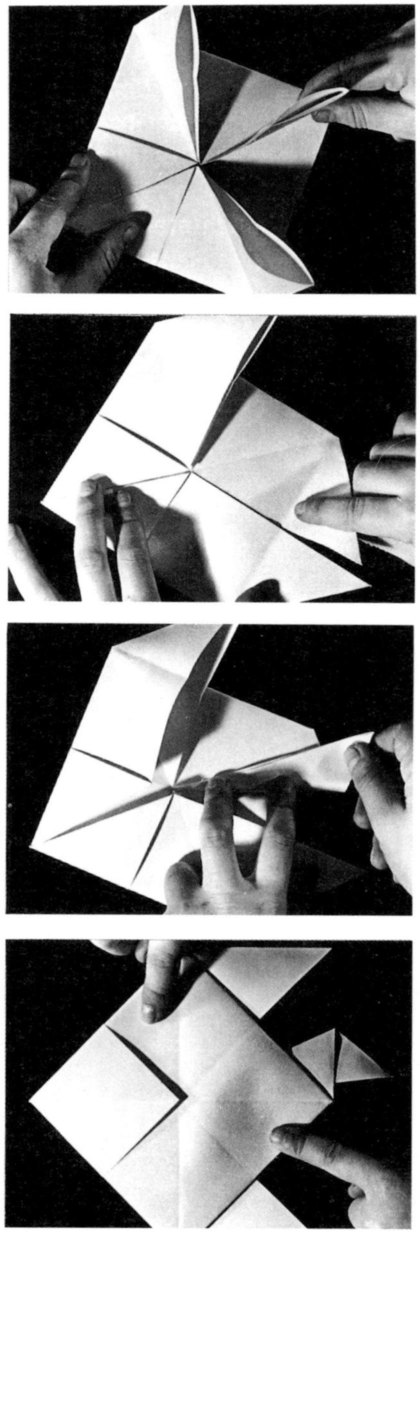

h – k

Briefumschlag« (dabei legen wir eben noch einmal die Ecken an die Mitte). – Wichtig ist also, daß wir mit der Schrägfaltung des Blattes beginnen und das Blatt nach jedem Faltschritt umwenden, auch daß wir alle Faltungen ordentlich ausführen, weil sonst die Unterteilung nicht stimmt, und daß wir alle Faltbrüche mit dem Finger kräftig niederreiben, weil sich alle weiteren Faltungen in diesen Bruchlinien bewegen. Nun öffnen wir das Ganze und haben ein durch Knifflinien vielfach unterteiltes Blatt vor uns liegen.

2. Wir legen die Ausgangsfaltung so vor uns hin, daß sich das eingefaltete Kniffquadrat (um die Mitte herum) wie eine Tischfläche emporhebt (a). – Wir schlagen eine Ecke wieder zur Quadratmitte zurück (b) und drücken die schrägen Falten der drei anderen Eckzipfel in die Gegenrichtung, so daß ein »tischtuchartiges« Gebilde entsteht (b).
3. Wir legen diese Form auf den Rücken und drücken alle vier Ränder von ihrer Mitte aus nach innen (c). – Die drei hochstehenden Zipfel legen wir um – und zwar die beiden gegenüberstehenden nach hinten (e); sie ergeben die Flossen. – Den Schwanzzipfel legen wir einmal zusammen (f), so entsteht die Schwanzflosse. Die Scholle ist fertig, kann umgedreht (g) und bemalt werden.

Faltanweisung für die »Ente« (siehe die Abbildungen h – k auf der gegenüberliegenden Seite):

Wir ergreifen die Faltung (d) an den beiden gegenüberliegenden Zipfeln und legen sie nach hinten zusammen (h). Dabei ziehen wir die anfangs (bei b) umgelegte Ecke als Kopfform heraus (i). Die beiden Haltezipfel werden nach unten gelegt und zweimal zurückgefaltet (j, k).

Auch diese Entenvögel könnt ihr bunt bemalen. Ihr könnt sie aber auch von vornherein aus verschiedenfarbigem Papier falten. Es spielt keine Rolle, ob sie dann gelb, blau oder rot aussehen.

Pferd und Reiter

Faltanweisung (siehe dazu die Abbildungen a–k und l–v auf dieser und der nachfolgenden Seite):

1. Wieder beginnen wir mit der für die »Scholle« geübten Ausgangsfaltung, – siehe Seite 14. Nun legen wir aber zwei gegenüberliegende Quadratecken um – siehe a auf der gegenüberliegenden Seite. – Wir wenden das Blatt (b) und falten durch Aufrichten und Umlegen der Ränder (c) das in der Mitte eingefaltete Kniffquadrat heraus (d).
2. Wie beim Falten der »Ente« fassen wir wieder die beiden Eckzipfel und legen das Quadrat entlang seiner Schräglinie nach hinten zusammen (e).

a–c

d–g

h–k

Sollten dabei die beiden »Schnäbel» links und rechts nicht herauskommen, dann müssen wir mit den Fingern nachhelfen (f). In den meisten Fällen wird sich sofort die Faltform (g) ergeben.

3. Die Haltezipfel legen wir nach einer Seite (siehe g). Dann falten wir sie auf beiden Seiten mit ihren langen (offenen) Rändern an den senkrechten Mittelbruch zurück (h). So bekommt das Pferd seine Vorderbeine (i).
4. Nun fassen wir das vordere Schnabeldreieck, das den Kopf darstellt, mit zwei Fingern einer Hand an den »Wangen« und drücken diese ein wenig hoch, damit ein kurzer Hals entsteht (j). – Zum Schluß muß die Schnauzenspitze schräg abgeschnitten werden.

l–o

p–s

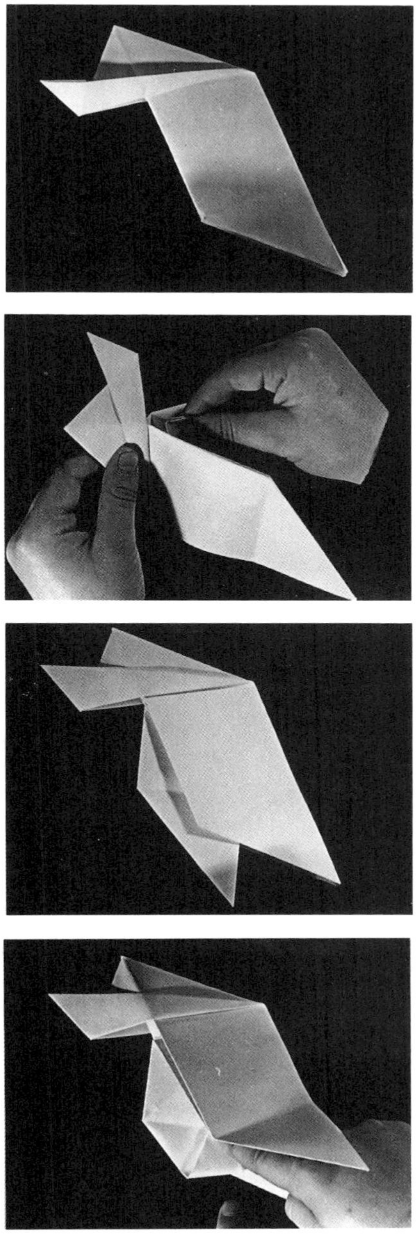

t–v

Die Pferde sind abgesattelt und befinden sich hier auf der Weide. Diese läßt jedoch noch viel zu wünschen übrig, was den Schutz und die Sicherheit der Tiere betrifft. Zunächst sollte sie einen Zaun haben. Ein Stall, in dem die Pferde bei Regen Unterschlupf finden können, wäre auch nicht schlecht!

Diese Pferdchen sehen, wenn sie erst einmal fertig sind, sehr hübsch aus, auch wenn sie in Wahrheit nur drei Beine haben. Wie ihr auf den Abbildungen sehen könnt, werden die beiden Hinterbeine in einem einzigen stabilen Standbein zusammengefaßt. Das ergibt sich nun einmal so beim Falten und sollte euch beim Spielen nicht stören. Am schönsten wirken diese Pferdchen aber, wenn ihr sie von vornherein in geeigneter Größe und aus einem stabileren, farbigen Tonpapier faltet. Dieses Papier gibt es in größeren Bogen in den Papiergeschäften und muß für den Gebrauch zugeschnitten werden, am besten mit Quadratseitenlängen 21 x 21 cm. Die handelsüblichen, für Spielfiguren etwas zu weichen Faltblätter könnt ihr bestenfalls zum Falten der »Jungtiere« verwenden. – Spreizen sich eure Faltungen am Ende zu sehr, dann habt ihr die Knicke nicht ordentlich niedergerieben. Das läßt sich nachholen. Aber zur Not könnt ihr an verborgenen Stellen auch noch mit etwas Klebstoff nachhelfen.
Für einen Bauernhof oder Reitstall braucht ihr eine ganze Menge solcher Pferdefiguren, größere als Muttertiere und Hengste, kleinere als Fohlen oder Ponys. Wenn ihr draußen im Freien spielt, könnt ihr gut grüne Zweige als Bäume oder Sträucher in den Sand stecken. Für Weidenzäune und Ställe sind gegabelte Aststückchen und Astruten brauchbares Baumaterial. Auch Moos läßt sich gut zum Ausfüllen der Lücken zwischen dem »Fachwerk« verwenden. Ihr seht, man braucht nur einmal anzufangen, schon ....!

Faltanweisung für den »Reiter« (siehe die Abbildungen I – v auf der vorhergehenden Seite):

1. Für den »Reiter« wiederholen wir zunächst die Entenfaltung bis zur Faltform (i), – diese entspricht der Abbildung (l) auf der gegenüberliegenden Seite. Wir führen nun beide Fußzipfel nach hinten (m) und bringen sie

beidseitig, Spitze auf Spitze, mit dem früheren Schwanzteil der Ente in Deckung (n), wobei wir in den Mittelteil zwei neue Kniffe einfügen müssen. Dies ist die Grundform des Reiters!

2. Nun müssen wir nur noch die Haubenspitze helmartig nach oben brechen (o), wobei der untere Haubenrand von hinten beginnend auf beiden Seiten noch eine Knicklinie eingefaltet bekommt (p). Dann drücken wir auch den Mittelteil – die »Brust« des Reiters – ein wenig nach oben (q und r).
3. Zum Aufsetzen auf das Pferd knicken wir das Ende des Mittelteils zunächst ein Stück um (s). Auf dem Pferderücken ist ein genügend tiefer Schlitz, in den das Mittelteil hineingesteckt werden kann (t). Paßt auf, daß der Reiter auf dem Pferd ordentlich sitzt und eine stolze Haltung einnimmt (u). Mit einem Tropfen Klebstoff könnt ihr beide Teile miteinander fest verbinden.
4. Die Abbildung (v) zeigt, wie der Reiter durch noch höheres Auffalten des Helmrandes zum »Araber« umgestaltet werden kann. Natürlich muß ein Beduine einen weißen Burnus tragen und auf einem schwarzen Hengst sitzen. Um einen »Renner« zu bekommen, verzichten wir einfach auf das Hochstauchen des Pferdehalses.

»Pferd und Reiter« wirken am schönsten, wenn sie aus verschiedenfarbigem Tonpapier gefaltet werden. Zum Beispiel: Pferd rot – Reiter dunkelgrün, Pferd gelb – Reiter blau oder umgekehrt. »Ritter» bekommen einen spitz zugeschnittenen Faltstreifen als Lanze unter den Arm geklemmt. Ein Tropfen Klebstoff sorgt wieder dafür, daß nichts auseinanderfällt. Ihr könnt den einzelnen Rittern auch prächtige Wappenschilde malen und seitlich an den Mantel hängen. Jeder Ritter hat selbstverständlich sein eigenes Wappen, – da müßt ihr euch also etwas einfallen lassen!

Da reiten die Ritter zum Turnier. So heißt der große Wettkampf, den sie mit ihren langen Lanzen auf dem Platz vor der Burg bestreiten. Aber eigentlich sehen sie noch ziemlich »nackt« aus. Die Schilde fehlen; die Helme haben noch keine Zier; auch von den Stickereien auf den kostbaren Gewändern ist nichts zu sehen. Vielleicht schenkt euch jemand einen Gold- und Silber-Schreibstift, mit dem ihr das alles anbringen könnt.

Die Frösche, die sich hier zu einem Froschkonzert zusammengefunden haben, hätten es sich auch nicht träumen lassen, einmal in einem Bastelbuch abgebildet zu werden. Ihre ursprüngliche Faltpapierfarbe war rot, blau und gelb. Das sah schon ganz lustig aus. Ihr aber werdet sicher noch zu euren Deckfarben greifen und den Fröschen Augen und eine schöne Tarnzeichnung auf die Rückenhaut malen.

Der Springfrosch

Faltanweisung (siehe dazu die Abbildungen a – l auf der gegenüberliegenden Seite):

1. Wir kniffen in ein quadratisches Blatt Ecke auf Ecke ein Schrägkreuz, wenden um – und nun nach der anderen Seite Rand auf Rand ein Mittelkreuz. Mit diesen Faltbrüchen können wir das Blatt so zusammenlegen, daß die vier Schrägkniffe in der Mitte zusammenkommen (a) und eine kleinere (doppeltliegende) Quadratform entsteht (b).
2. Wir stellen eine der seitlichen Ecken senkrecht und drücken sie über der Quadratmitte nieder (c), wobei sich über dem Quadrat eine kleine Drachenform ergibt. Das machen wir mit allen vier Eckzipfeln. Es entsteht das Faltbild (d).
3. Nun greifen wir mit dem Finger unter den querlaufenden Schnittrand, heben ihn hoch und falten die offene (scharfe) Randseite der Drachenspitze an den Mittelbruch (e). Wenn wir in der Faltung blättern, entdecken wir, daß wir diesen Faltgriff achtmal machen müssen, um zur Faltform (f) zu kommen. Die dabei entstehenden Faltzipfel in der Mitte der Faltung legen wir jedesmal anschließend nach unten.
4. Es empfiehlt sich jetzt, die Faltung umzudrehen, so daß die vier freien Zipfel nach unten zeigen (f).
5. Wir legen noch einmal diese vier Zipfel der Länge nach zusammen und beachten dabei, daß am unteren Ende eine gute Spitze entsteht und der Außenrand ordentlich an den Mittelbruch kommt (g). So entsteht das Faltbild (h).
6. Diese verhältnismäßig enge »Drachenform« hat am unteren Ende vier spitze Zipfel. Die beiden oberen falten wir hart nach oben (i), die beiden unteren dicht an der Knicklinie schräg seitwärts (j). Durch weiteres Um-

falten dieser wegen ihrer Dicke schon etwas sperrigen Zipfel bekommen wir die federnden Froschbeine (k). Guckt euch die Abbildung an, damit ihr die wechselnden Richtungen dieser Faltknicke erkennt.

7. Wir stellen den Frosch aufrecht, tippen mit dem Finger leicht auf seinen Rücken, – schwupp, macht er einen kleinen Sprung vorwärts!

Wegen der Kniffligkeit der engen Beinfaltung solltet ihr von vornherein etwas größeres Faltpapier nehmen. 15 x 15 cm Quadratseitenlänge ist richtig und führt sozusagen zur natürlichen (Laubfrosch-) Größe. Es empfiehlt sich, die Knicke beim Falten der Beine kräftig niederzureiben.

Zu den Abbildungen:
Erste Reihe – (a - d)
Zweite Reihe – (e - h)
Dritte Reihe – (i - l)

In Japan herrscht der Glaube, daß Vögel den Menschen Glück und Gesundheit bringen. So wie wir zum Neuen Jahr oder zum Geburtstag unsere Glückwünsche oft mit einem vierblättrigen Kleeblatt oder einem Hufeisen verbinden, schicken sich die Japaner selbstgebastelte und buntbemalte Papiervögel zu, die sich die Empfänger dann an Fäden an die Zimmerdecke hängen. Auch kranke Kinder vertreiben sich die Zeit damit, massenhaft farbige oder goldene Papiervögel zu falten. Es heißt, daß nach jedem tausendsten Vogel ein Wunsch nach Gesundheit in Erfüllung gehe. – Bunt bemalt oder beklebt könnt auch ihr euch solche Glücksvögel ins Zimmer oder an das Mobile hängen, wo sie dann wie die Fische von Seite 13 von der kreisenden Wohnzimmerluft fortwährend bewegt werden.

Der japanische Glücksvogel

Faltanweisung (siehe dazu die Abbildungen a – h auf der gegenüberliegenden Seite):

1. Wir kniffen in ein quadratisches Blatt Ecke auf Ecke ein Schrägkreuz, wenden um – und nun nach der anderen Seite Rand auf Rand ein Mittelkreuz. Die Sternfaltung bekommen wir, wenn wir nach derselben Richtung, in die wir das Mittelkreuz eingefaltet haben, alle acht Randhälften des Quadrats von der Spitze aus an die Schräglinie führen und bis zum ersten Kniff niederdrücken (a). – Nach diesen Faltkniffen läßt sich das Blatt zu einer Drachenform zusammenlegen, wenn wir die Randdreiecke nach unten drücken (b) und die vier Zackenspitzen aufeinander zuführen. Zwei gegenüberliegende Zacken legen sich entlang der schrägen Knifflinie zusammen, die beiden anderen decken sich vorn und hinten flach darüber (c).
2. Nun heben wir einen Deckzipfel auf (d), legen ihn flach nach oben und le-

gen ihn und auch die nach unten abstehenden Spitzen gemeinsam in ihrer Längsrichtung zusammen. Die jetzt steil nach oben herausragende Spitze kann wie ein Hebel schräggestellt (e) und in dieser Lage festgedrückt werden. – Das machen wir ebenso auf der anderen Seite (f).

3. Für Flügel falten wir die drachenförmigen Deckflächen aufwärts (g). – Als Kopf und Schnabel falten wir eine der seitlichen Spitzen herunter. Den fertigen Vogel – siehe (h).

a–b

c–e

f–h

Segelt hier nicht eine prächtige Wikingerflotte über die wettergraue Nordsee? Mit ihren schlangenkopfgeschmückten Steven und farbenprächtigen Segeln finden die Boote den Weg ins Abenteuer. – Man setzt am besten noch einen weiteren Deckstreifen in den Schiffsrumpf ein. Der Mast wird durch dieses Deck hindurchgeführt und im Rumpf mit einem Kartonbügel festgehalten. Auch andere Aufbauten sind möglich.

Ein Schiffsrumpf für viele Zwecke

Faltanweisung (siehe dazu die Abbildungen a – h auf der gegenüberliegenden Seite):

1. Ein um etwa ein Viertel in der Länge gekürztes Zeichenblatt (Schreibmaschinenpapierformat – DIN A4) wird der Länge nach in vier Teile gefaltet, und zwar einmal zur Hälfte, dann jede Hälfte noch einmal zur Hälfte. – Nun wenden wir das Blatt um, so daß die drei Faltbrüche mit den Knicken nach oben zeigen. Wir fassen die äußeren Bruchfalten mit Daumen und Zeigefinger beider Hände und legen sie noch einmal zur Mitte, erst die eine (a), dann die andere. Dabei ergibt sich in jeder Blatthälfte ein neuer, zusätzlicher Faltbruch, der in die andere Richtung – nach unten! – zeigt. Die Unterteilung entlang der Blattmitte hat jetzt die Form einer »Ziehharmonika« (b).
2. Wir schließen das Bündel und legen es so vor uns hin, daß die eingebrachten Falten unten liegen. Dann werden die unteren Bündelecken kräftig umgefaltet, eine nach vorn (c), die andere nach hinten, – aber so, daß an der oberen Kante des gefalteten Bündels ein schmaler Papierrand stehenbleibt (siehe c). Die abgefalteten Ecken mit Alleskleber ankleben (d).
3. Den doppelt liegenden Randstreifen schlagen wir nun nach vorn und nach hinten über die eben umgefalteten Ecken herunter (e). Da dies über die ganze Schiffslänge gehen muß, empfiehlt es sich, den Randstreifen an der Faltlinie mit einem Messer oder einem anderen dünnen Werkzeug von unten gegen eine aufgelegte Linealkante zu drücken, wie es die Abbildung (e) zeigt. (Der weiße Griffel im Bild ist ein sogenanntes »Falzbein«, das ist ein Buchbinderwerkzeug zum Knicken von Papier und Karton oder zum Niederreiben von Faltbrüchen). – Wir biegen die Randecken ebenfalls um die Schiffskanten herum und kleben sie fest (f).

Nun können wir die Bordwände des Schiffes auseinanderziehen und die mittlere Falte im Schiffsboden mit dem Finger nach oben drücken (g). Das Schiff bekommt dadurch eine rechteckige Deckfläche (h).

a–d

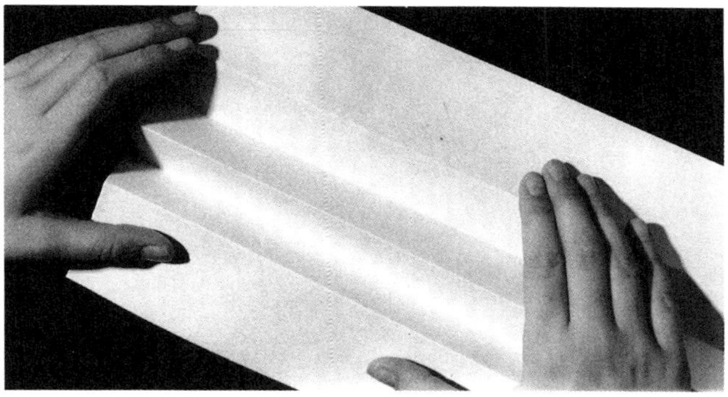

e–h

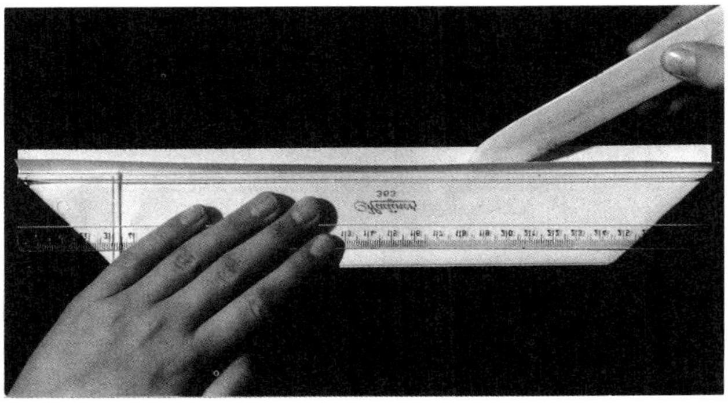

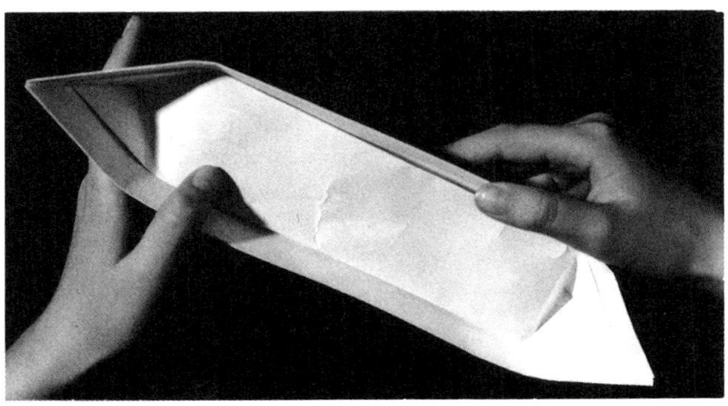

Faltdrachen aus farbigem Pergamin

Die Bäume haben ihre letzten bunten Blätter fallen gelassen. Grau und trübe ist die Zeit. Da wollen wir schnell noch ein paar leuchtende Farbtupfer gegen den Himmel setzen. – Die hier vorgeschlagenen Faltdrachen steigen schon bei sanftem Wind und können von einer Nähgarnrolle aus geführt werden. Das beste ist, daß ihr sie allein bauen könnt!

Besorgt euch zunächst aus dem Bastelladen je einen Bogen dunkelrotes und dunkelblaues Pergamin (Drachenpapier). Ferner braucht ihr ein Stückchen 2 mm dickes Peddigrohr. Alleskleber ist im Hause. 40er- oder 50er-Nähgarn hat Mutter vielleicht in ihrem Nähkästchen.
Schneidet euch aus dem großen Bogen zunächst ein schulheftgroßes Stück heraus. Faltet es der Länge und Breite nach Rand auf Rand (a), – es kommt nur auf die Faltkniffe an! – Faltet nun den oberen Rand auf die Mitte (b). Legt das Blatt wieder der Länge nach zusammen und zeichnet auf der einen Seite mit dem Bleistift die Bogenlinie (c).
Diese Doppellage wird mit der Schere ausgeschnitten. Nun könnt ihr auch die untere Drachenspitze an den Mittelbruch falten.
Jetzt wird die Faltkante mit der Scherenspitze mehrmals knapp eingeschnitten: zunächst überall, wo die Kniffe am Faltrand zu sehen sind, und dann jeweils noch einmal dazwischen. Die Pfeile in der Abbildung (d) zeigen die gemeinten Stellen. Dann wird auch der obere Teil noch einmal zur Mitte heruntergeklappt und eingeschnitten (e).
Peddigrohr ist meistens krumm. Zieht man es gegen die Krümmung ein paarmal durch die Finger, wird es gerade. Ein Stück fädeln wir von oben nach unten durch die Löcher in der Drachenmitte. Auf der gleichen Papierseite wird auch der Querstab eingeschoben. Die Enden werden mit Alleskleber angeklebt. Überstehendes Querholz wird abgeschnitten. Nur der senkrechte Stab behält oben und unten einen Überstand (f).
Die Waage kommt auf die Seite, an der das Pergaminpapier die Peddigrohrenden überdeckt. Der Faden bleibt so locker, daß er zur Seite gespannt noch auf dem Papier liegt (nicht darüber hinausreicht!) – (g).
Wo der zur Seite gespannte Faden der Waage auf dem Querstab aufliegt, wird die Drachenschnur (Nähgarn) angeknotet. Alle Knoten (auch die am

Peddigrohr) bekommen einen Tropfen Alleskleber, damit sie nicht verrutschen. – Der Schwanz aus einem langen Pergaminstreifen (2,5 cm breit und etwa zehnmal so lang wie der Drachen) wird an das Stockende angeklebt (h). Der Querstab wird kräftig nach hinten gebogen (i), damit der Drachen besser im Wind liegt. Mit Peddigrohr kann man das machen, mit Holz nicht!

a–c

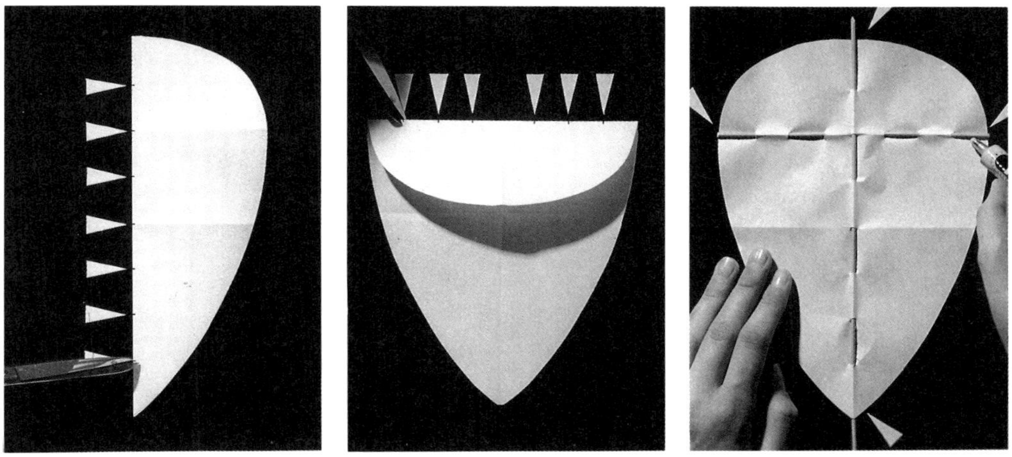

d–f

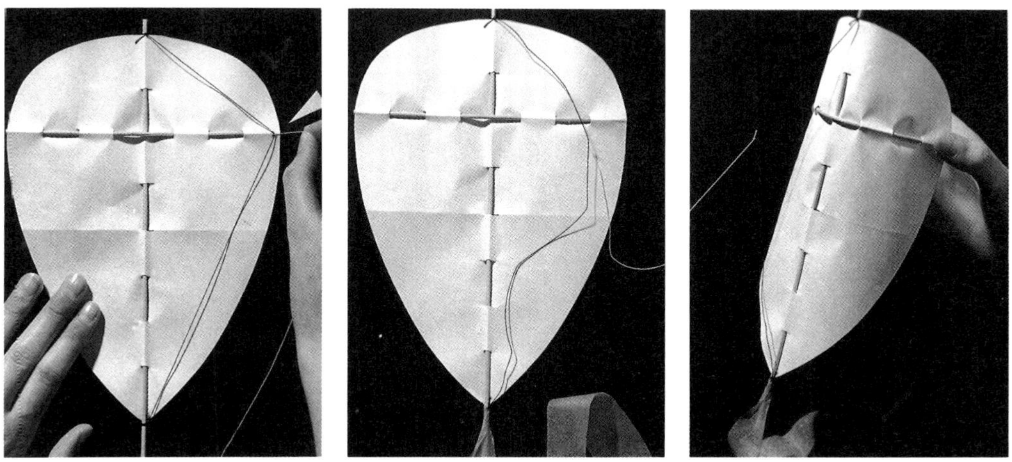

g–i

Wenn der Wind bläst

Wenn einmal ein schöner, windiger Tag ist, solltet ihr euren kleineren Geschwistern Windkugeln basteln. Die können nie umfallen, rollen, wohin der Wind sie treibt und springen dabei über Kanaldeckel und Gehsteigkanten. Gespielt wird auf freien Plätzen, auf denen keine Autos fahren. In vielen Orten dürfen auch die Schulhöfe nachmittags zum Spielen betreten werden.

Eine Windkugel

Arbeitsanweisung (siehe dazu die Abbildungen auf der gegenüberliegenden Seite):

1. Ihr braucht 3 kreisrunde Scheiben (ungefährer Durchmesser 6 cm) aus weißem Zeichenpapier oder dergleichen. Die Scheiben werden nach den Vorlagen 1, 2 und 3 (siehe die Abbildung a) eingeschnitten.
2. Dann werden zwei gegenüberliegende Ecken an den Einschnitten der Scheibe 1 umgefaltet (siehe b) und durch den mittleren Schlitz in Schei-

be 3 gesteckt (b). Auf der Rückseite könnt ihr die umgefalteten Ecken wieder aufrichten (c).

3. Nun sucht ihr euch an eurem Teilstück eine Stellung aus, in der die beiden ineinandergesteckten Scheiben mit ihren Rändern ein Kreuz bilden (es gibt zwei solcher Stellen, und es ist gleich, welche ihr nehmt). Dort werden wiederum die seitlichen Randecken (jetzt sind es vier) umgefaltet (d und e) und durch den Kreuzschlitz der Scheibe 2 gesteckt (f).
4. Wieder werden die umgeknickten Ecken hinter der durchfahrenen Scheibe aufgerichtet (g). – Die Windkugel ist fertig (h). Sie wird auf die Erde gelegt, wo sie der Wind weitertreibt.

Das Windrad (siehe die Abbildung auf der nachfolgenden Seite)
Das Windrad ist besonders leicht zu basteln. Es verhält sich wie die Windkugel und macht einen tollen Eindruck, wenn es schnurgerade und aufrecht über den freien Platz saust. Sein Lauf ergibt sich aus der Umdrehung des schnell dahintreibenden Reifens, wodurch immer wieder neue Druckflächen (das sind die dreieckigen Zacken) in den Wind geraten.

Zu den Abbildungen:
Erste Reihe – (a - b)
Zweite Reihe – (c - e)
Dritte Reihe – (f - h)

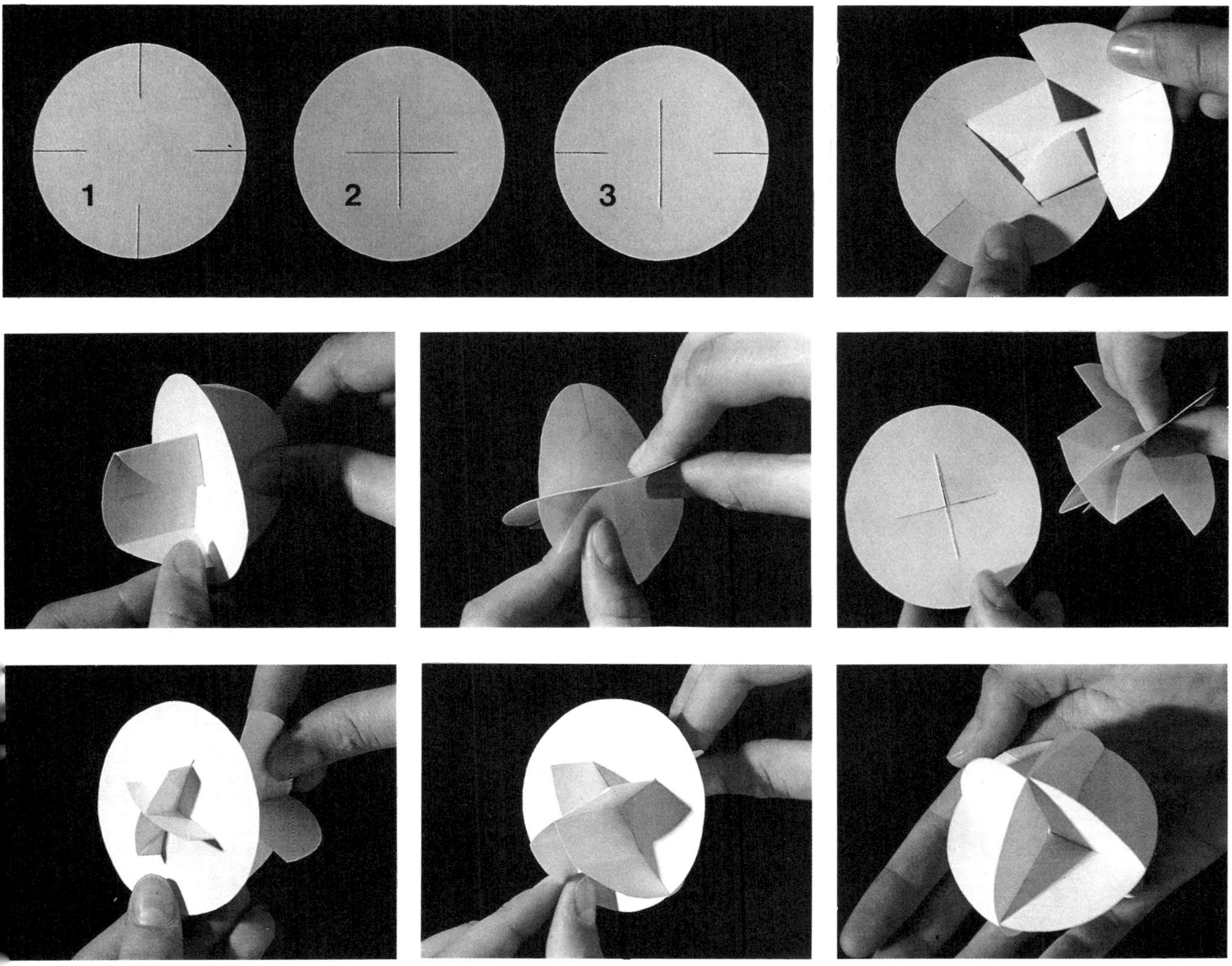

Auch Windräder sind einfach herzustellen. Am besten bastelt ihr gleich einen Korb voll. Wenn ihr diesen ausschüttet, stiebt die ganze Rädchenhorde in eine Richtung davon.

Arbeitsanweisung (siehe dazu die Abbildungen a – h auf der gegenüberliegenden Seite):

1. Am besten eignet sich Karteikartenkarton. Ihr könnt aber auch festes Zeichenpapier nehmen.
   Ihr zeichnet zunächst mit dem Zirkel einen Kreis mit ungefähr 10 cm Durchmesser. Diesen teilt ihr erst in vier, dann in acht gleiche Stücke (so wie die Mutter einen Kuchen aufschneidet). Siehe die Abbildung (a). – Da diese Linien nicht bis an den Rand gehen dürfen, empfiehlt es sich, in den ersten Kreis vom gleichen Mittelpunkt aus noch einen zweiten, kleineren »Begrenzungskreis« einzuzeichnen (a).
2. Nun wird die Kreisscheibe ausgeschnitten. Auch die geraden Linien in der Kreismitte schneidet ihr bis zur Begrenzung nach (b). Am einfachsten stecht ihr mit der Scherenspitze im Kreismittelpunkt ein.
3. Jetzt braucht ihr nur noch jeweils eine Zacke nach vorn und eine Zacke nach hinten zu knicken (c) und alle Zacken so zu stellen, daß sie vom Rad abstehen (d).

Die Windmühle

Arbeitsanweisung (siehe dazu die Abbildungen a – c auf der gegenüberliegenden Seite:

In ein quadratisches Blatt faltet ihr Ecke auf Ecke ein Schrägkreuz. Entlang dieser Kniffe schneidet ihr etwas über den halben Weg in Richtung Mitte ein (a). Auf dem Papier sind jetzt vier Dreiecke ersichtlich, deren jeweils linke oder rechte Ecken reihum zur Mitte umgelegt werden, wo ihr sie mit einer Glaskopfnadel durchfahren könnt (b). Zwischen Stock und Mühle solltet ihr noch eine Glasperle legen, damit sich das Rädchen ungehindert im Winde drehen kann.

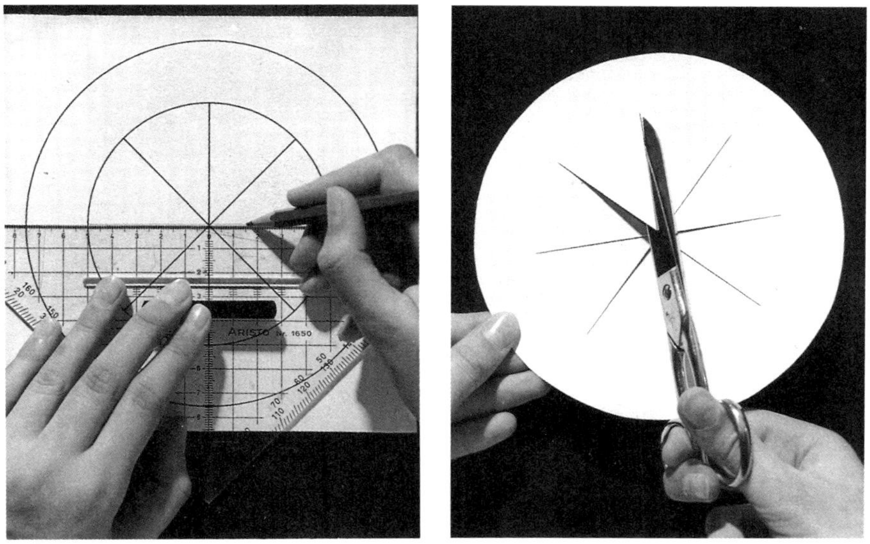

a–b

c–d

a–c

Die Geheimnisse des Papierschwalbenflugs

Die Steuerung muß noch einmal korrigiert werden!

Bei Mathias und Lars ist das Papierschwalbenfieber ausgebrochen. Immer wieder werden neue Schwalben gefaltet und in die Luft geworfen. Die Jungen lassen sie schweben, stürzen, Kreise ziehen. Sie lieben dieses Spiel, bei dem sie laufen, springen und über den Zaun klettern können. Dann wird es einen Augenblick ruhig unter den alten Parkbäumen. Erfahrungen werden ausgetauscht. Lars stellt die »Luftbremse« ein wenig höher. Mathias meint, mit »Landeklappen« ginge es besser. Es folgen neue Probewürfe, neue Maßnahmen, bis das hart mitgenommene Papier zu weich wird und als ausgedientes Modell in den Papierkorb wandert.

Der Schwerpunkt

Wir baten die beiden Jungen, uns den Sinn ihrer Handgriffe zu erklären. – »Die Schwalbe fliegt in Stufen, sie pumpt! Dann fliegt sie nur, wenn sie kräftig geworfen wird. Fliegt sie langsam, dann ist der Schnabel zu schwer. Dann will sie stürzen. Dabei kommt sie wieder in Fahrt, wird durch die Steuerung hinten hochgedrückt und fängt sich wieder. So geht das immer fort!« – »Das ist wie bei einer Wippe. Wenn man hinten drückt, geht sie vorn hoch. Irgendwo ist da ein Schwerpunkt, um den dreht sie sich.«

Die Steuerung

Wir fragen nach der Steuerung! – »Einfach hinten hochknicken!« – Lars zeigt uns den zurückgefalteten Rumpfwinkel. «Knicke in den Tragflächen

gehen auch. Man muß dann den Papierrand ein Stückchen einreißen!« – »In den Knicken verfängt sich die Luft. Da sind Flächen, der Fahrtwind drückt dagegen. Sie bremsen. Damit wird die Fluglage eingesteuert.«
Mathias meint, solche Luftbremsen müssen immer nach oben stehen. Versuchsweise drückt er sie nach unten und wirft. Die Schwalbe geht kopfüber in den Rückenflug. Genau besehen stehen dabei die Klappen wieder nach oben. – »Diese Klappen wirken wie Höhensteuer!«
Die Schwalbe von Lars zieht elegante Kreise. Er hat sie so eingestellt. »Ein kleiner Knick im Leitflächenrand genügt. Damit kann man den Flug auch seitlich aussteuern!« – Geradeausfliegen? – Kein Problem! Rumpf und die hochgeknickten Tragflächenränder wirken wie Kiele, die »durch die Luft schneiden».

Die V-Form
Immer wieder einmal drücken die Jungen ihre Schwalben sorgfältig zusammen. Die eine Tragfläche wird genau über die andere gelegt. Dann werden sie wieder weitgestellt und so gerichtet, daß die beiden Flächen miteinander eine schwache V-Form bilden. – »Dann schaukeln die Schwalben nicht so beim Fliegen!« – «An den schrägen Flächen strömt die Luft gleichmäßiger vorbei!« – Wenn man die Flächen zu stark zusammendrückt, tragen sie nicht mehr so gut, und die Schwalben sinken!«

Wir haben alles ausprobiert, haben selbst Schwalben gefaltet und im Garten fliegen lassen. Es stimmt, was uns die beiden Jungen mitgeteilt haben. Papierschwalben fliegen lassen ist eine Wissenschaft!

Das ist Lars mit seiner gut eingeflogenen Papierschwalbe.

Abgeworfen! – Die Schwalbe gleitet in einer eleganten Kurve durch den Park.

So wird die Papierschwalbe gefaltet

Faltanweisung (siehe dazu die Abbildungen a – o auf der gegenüberliegenden Seite):

1. Ein halbes Blatt Schreibmaschinenpapier (Schulheftgröße) senkrecht hinlegen. Den oberen Rand des Blattes einmal gegen die linke (a) und einmal gegen die rechte Papierkante falten – und wieder zurücknehmen. Im oberen Teil des Blattes zeichnen sich zwei sich kreuzende Knicklinien ab. – Die beiden seitlichen Knickdreiecke in der Mitte aufeinander zuführen (b) und so niederdrücken, daß sich das oben anhängende Dreieck flächig darüberlegt. Die Faltung ähnelt jetzt einer Hausform.
2. Nun die freihängenden Ecken des aufliegenden Dreiecks (»Dach«) nach oben falten (c und d). Dann die beiden unteren Ränder des auf der Spitze stehenden Quadrats an die Mitte falten (e). Es entsteht eine Drachenform (f). – Die umgefalteten Ecken wieder zurücknehmen, dafür die oberen Quadratränder an die Mitte falten (g). Auch diese Ecken wieder zurücknehmen. Es sind nun Kniffe eingefaltet, in denen ihr beide Quadratränder jeweils an einer Quadrathälfte gleichzeitig an die Mitte legen könnt. Seht euch dazu den Handgriff in Abbildung h an: Seitlich muß die Ecke schnabelförmig gefaltet werden. – Beide »Schnäbel« werden nach oben gelegt (i).
3. Die Faltung umdrehen! – Die Spitze des Dreiecks so weit zurückfalten, wie das die darunterliegenden Schnäbel erlauben (j). Nun die Tragflächen gleichmäßig zusammenlegen (k), – an die Rumpfkante zurückfalten (l und m) – und gleichhohe Leitflächen an die Tragflächenränder falten (n). Das Schlußbild (o) zeigt euch die eingefaltete »Luftbremse« am Rumpfende und eine der hochgestellten »Steuerklappen» in der einen Tragfläche.

a–e

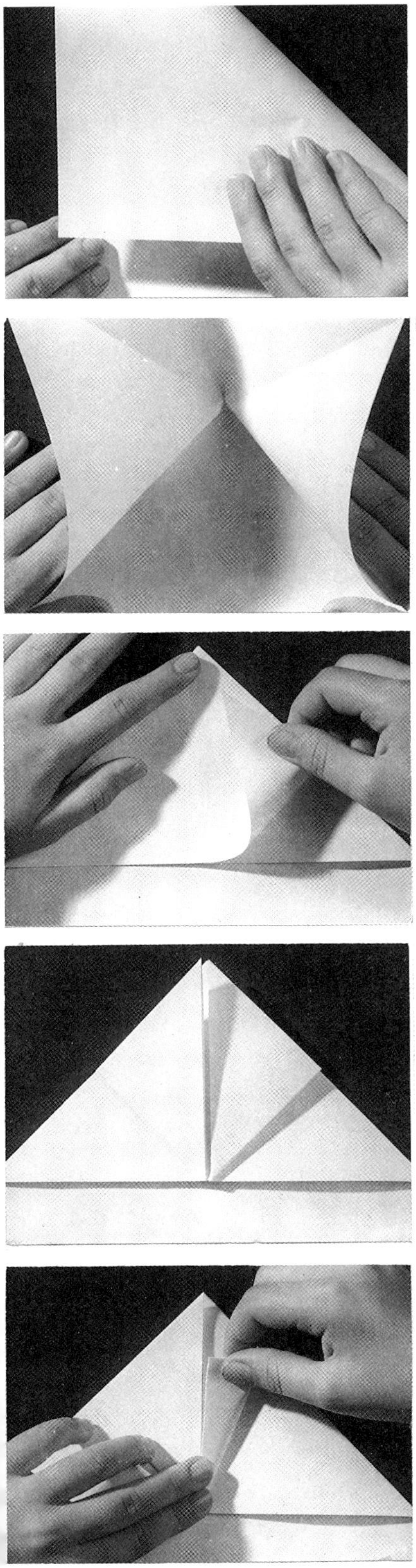

f–j

k–o

Knobelspiele

Das Postkartenkunststück

»Kann jemand durch eine Postkarte kriechen?« – fragt ihr eure Freunde.
Wer den Trick nicht kennt, schüttelt verlegen den Kopf. Hier ist er: Man faltet eine Postkarte der Länge nach in der Mitte zusammen – siehe dazu die Zeichnung unten links – (a) und schneidet sie vom Kniff her etwa zwölfmal bis nahe an den Kartenrand ein (b). Dann umgekehrt, etwa in der Mitte der einzelnen Schnittstreifen vom Rand her bis nahe an den Kniff (c). Zuletzt muß die gefaltete Kante zwischen dem ersten und dem letzten Einschnitt (die Enden aber nicht mit!) aufgeschnitten werden (d). – Ihr zieht den »Zickzack« vorsichtig auseinander und habt einen weiten Papierring, den ihr euch gemütlich über den Körper streifen könnt.

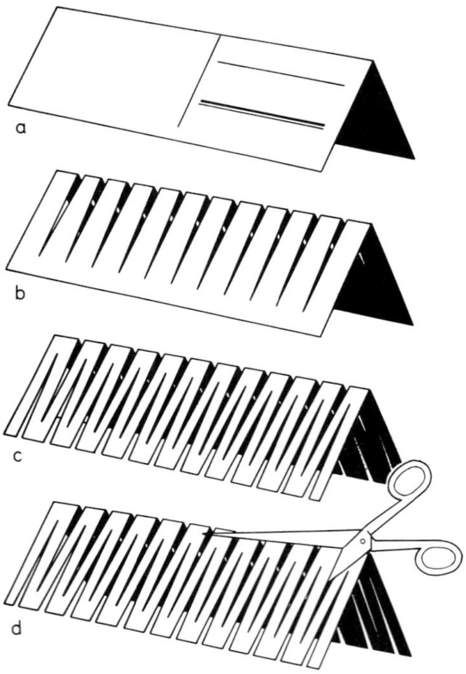

Die gefangenen Streichholzschachteln

Siehe dazu die beiden Abbildungen unten! – Ihr braucht für dieses Knobelspiel ein Stück kräftiges Zeichenpapier oder Aktendeckelkarton. Die Karte ist etwa 20 cm lang und 10 cm breit. Der Streifen zwischen den beiden Längsschnitten ist 3 cm breit, der Durchmesser des runden Loches beträgt 3,5 cm. – Nun zieht ihr einen Faden so durch das Loch und die Einschnitte, wie es in der Abbildung (a) zu sehen ist. An die beiden Enden werden zwei Streichholzschachteln gebunden. Auf den ersten Blick wird man es für unmöglich halten, diese Schachteln wieder von der Karte zu befreien, ohne die Knoten zu lösen. Aber es geht ganz einfach (wenn man es weiß):

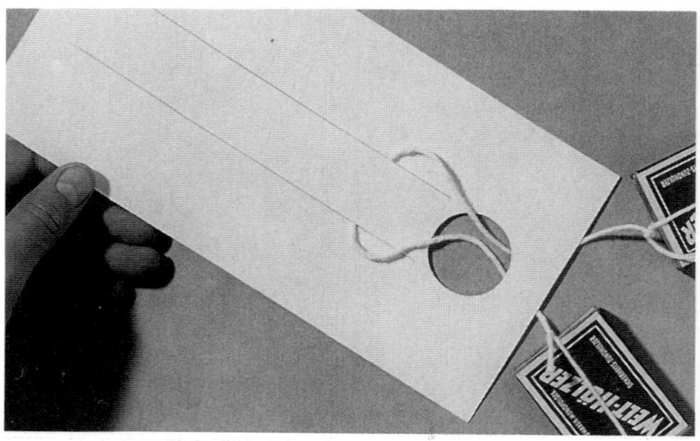

Die Karte wird so weit gebogen, bis sich der schmale Mittelstreifen durch die runde Öffnung stecken läßt (siehe – b). Durch die Schlaufe kann dann die Streichholzschachtel wandern – fertig!

Die gesicherten Stiefel

Ein Schusterlehrling bekam von seinem Meister den Auftrag, ein Paar neue Stiefel zur Kundschaft zu bringen. Der Meister ermahnte den Jungen, unterwegs ja gut auf die Stiefel achtzugeben. Zur Sicherheit hängte er sie mit den Schlaufen über einen biegsamen Bügel und sicherte sie außerdem noch mit einer festen Öse – siehe dazu die Abbildung rechts unten – (d).

Bei der Kundschaft angekommen, bekam der Junge Ärger. Weder er noch der Kunde konnten nämlich die Stiefel vom Bügel herunterbekommen, ohne dabei einen Teil zu verletzen. Eure Aufgabe ist es nun, den beiden zu helfen!

Sehen wir zu, wie der Meister die Stiefel am Bügel befestigt hat: Er bog den Bügel so, daß die Sprosse einen Knick bekam, über den er auch die Öse schieben konnte (a). Dann steckte er einen Stiefel durch die Sprossenschlaufe (b), rückte die Laschen an die Kante und schob die Öse über Eck herunter (c). Der Schusterlehrling muß jetzt eben umgekehrt verfahren.

Die Teile dieses Knobelspiels bastelt ihr euch aus Zeichenpapier. Sollte der Knick in der Bügelsprosse nach dem Zusammenstecken zu stark in Erscheinung treten, so knickt ihr den Bügel eben auch noch an anderen Stellen, damit die Lösung verborgen bleibt.

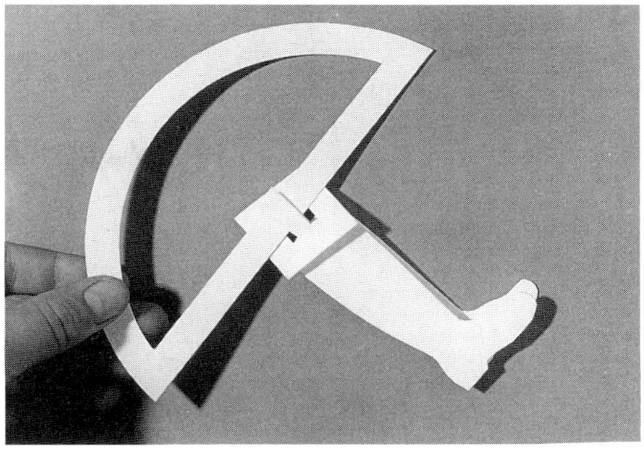

a

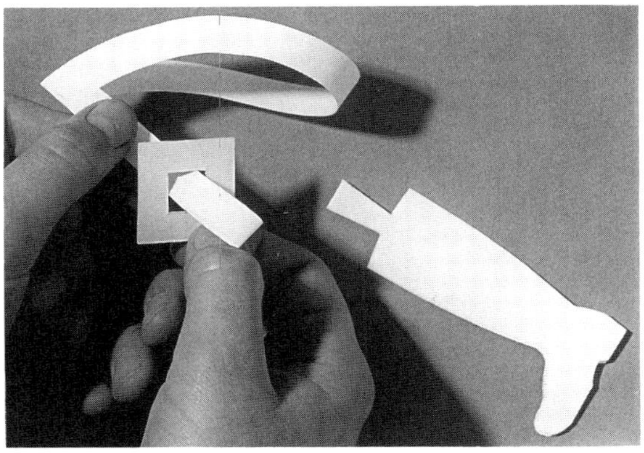

b

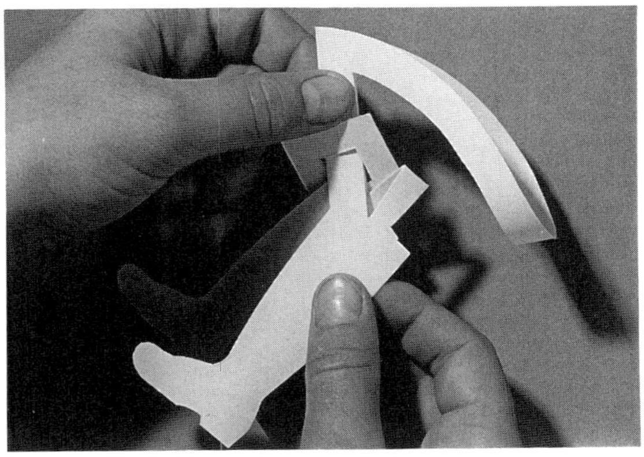

c

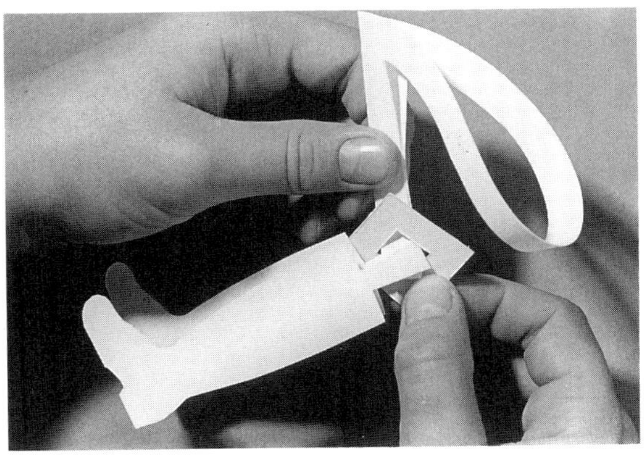

d

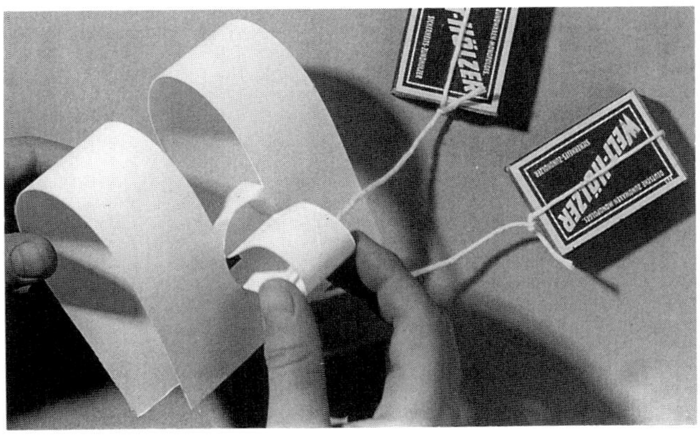

Spaß mit großen Maskenköpfen

Bald ist Karneval! – Eine gute Maske macht ihr euch jedenfalls selbst. Weil das Material billig ist, könnt ihr dabei nach Herzenslust experimentieren. Einzige Bedingung: Bedrohlich, schockierend, schrecklich muß die Maske wirken. Selbst wenn euer Freund weiß, daß ihr dahintersteckt, soll ihm bei eurem Anblick doch ein Schauer über den Rücken laufen.

Ihr braucht Pappstreifen, am besten aus dünner Graupappe oder festem Farbkarton, 4 cm breit und etwa 70 cm lang, – Zeitungspapier, Packpapier, farbiges Krepp- und Seidenpapier, Alleskleber, Weißleim, Kleister, möglichst auch Plakatfarben, farbigen Bast usw. – Werkzeug: Bleistift, Kleisterpinsel, Schere, gefederte Wäscheklammern oder einen Bürohefter.
Ein Pappstreifen wird zu einem Ring zusammengeklebt oder geheftet (a). Bis zum Festwerden des Klebers Wäscheklammern ansetzen!
Über diesen Ring, der als Halsring später auf den Schultern des Trägers aufliegt, baut ihr nun mit weiteren Pappstreifen eine gitterartige, rundliche Kuppel (einem Vogelkäfig ähnlich), die ihr gut über den Kopf stülpen könnt

a–d

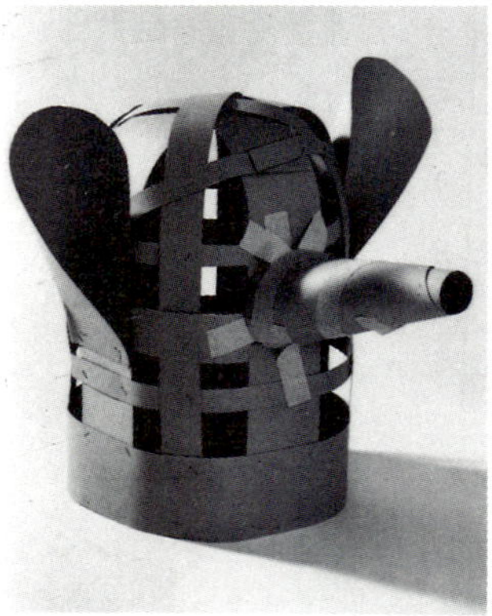

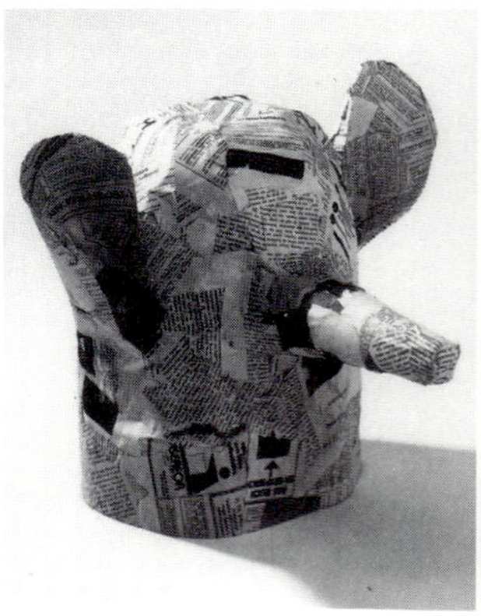

(b und c). – Nase, Ohren, Augenwülste und andere ausladende Teile werden aus gebogenen oder geknickten Pappstücken vorbereitet und dann angebaut (c).
Das ganze Gerüst überklebt ihr mit gerissenen Stücken aus Zeitungspapier. Es empfiehlt sich, vorerst ebenfalls noch Alleskleber oder weißen (verdünnten) Kaltleim zu nehmen, weil der nasse Kleister Papier und Pappstreifen zu sehr durchfeuchtet. Keine zu großen Papierstücke auflegen! Immer wieder die Ränder der schon aufgelegten Stücke überdecken (d)! Nach der ersten Lage aus Zeitungspapier sollte der Kopf stückchenweise mit festerem Packpapier überklebt werden. Mehrfach! Mindestens zwei Schichten! Dazu könnt ihr nun den billigeren Kleister nehmen, der zudem auch eine geschlossene Fläche schafft. Nur kleine, gut mit Kleister getränkte Papierstückchen auflegen! Am besten streicht ihr zuerst immer wieder einen Vorrat mit dem Kleisterpinsel über einem Altpapierbogen gut ein und laßt ihn eine Weile liegen, bis die Papierchen den Kleister aufgenommen haben. Beim Auflegen sind besonders die Ränder gut anzudrücken. Eine letzte Schicht – aus weißem Papier! – gibt einen guten Untergrund für die nachfolgende farbige Bemalung.
Erst nach einigen Tagen, wenn die geklebten Schichten durch und durch trocken sind, kann die Maske mit Plakatfarben übermalt werden. Ihr könnt sie auch mit farbigem Seidenpapier überkleben! Augen, Nase und Ohren lassen sich übertrieben groß und auch ganz entstellt aufbringen. Als Haare könnt ihr Wollfäden, Bindfäden, aufgedrillte Sisalfäden, farbigen Bast oder schmale Kreppapierstreifen aufkleben.
Setzt ihr nun die Maske auf, – steht ihr »im Dunkeln«. Ihre Augenlage braucht nicht mit der des Trägers übereinstimmen. Ein paar Sehlöcher oder Sehschlitze lassen sich leicht auch neben oder unter der Maskennase einstechen.
Wichtig ist, daß die Maske auf dem Kopf des Trägers einen guten Sitz hat. Vielleicht muß da und dort noch nachträglich ein Pappstreifenring eingebaut oder ein Bügel angesetzt werden.

Trennwände in großen Räumen zieht ihr am besten mit farbigen Kreppapiergehängen. – Schmale Streifen werden mit der Schere von der ganzen Rolle abgeschnitten, an einem Ende mit einer Schlaufe versehen (Bürohefter!) und über eine Leine gefädelt. Nach dem Glattziehen schneidet ihr sie unten auf die richtige Länge.

Auf zum Kinderkappenfest!

Für eine zünftige Faschingsfeier, zu der auch Gäste eingeladen werden sollen, braucht man keineswegs die halbe Wohnung auszuräumen. So ein Fest muß auch nicht kostspielig sein – und wird es auch nicht, wenn euch die Eltern gewähren lassen und nicht allzuviel dreinreden. Ein paar grundsätzliche Fragen müssen allerdings schon bei der Planung beantwortet werden. Hierzu ein paar Hinweise!

Einladungen

Einladungen müssen verschickt werden, das ist klar! Laßt eure Gäste ruhig ein bißchen daran herumrätseln, das erhöht den Spaß und gibt schon einen kleinen Vorgeschmack auf das muntere Treiben. Vielleicht schickt ihr euren Freunden die Einladung in einer (entzifferbaren) Geheimschrift zu. Oder ihr wählt die Form eines Bilderrätsels. Oder ihr schreibt alle Wörter verkehrt herum, was den Empfänger ebenfalls zunächst schokkiert, bis er merkt: »Aha, Rolf, dieser Schlingel!« – Kleineren kann man einen Zungenbrecher auf die Karte schreiben und die Bedingung stellen, daß er bis zum Fest beherrscht wird.

Solche Zungenbrecher sind:

»Wer nichts weiß und weiß, daß er nichts weiß, weiß mehr als der, der nichts weiß und nicht weiß, daß er nichts weiß.«

«Hinter Herrn Hübners Hühnerhaus hackte Hansens Hans Holz. Hätte Hansens Hannchen Hans Holz hacken hören, hätte Hansens Hannchen Hans Holz hacken helfen.«

»In Wesel essen Esel Nesseln gern. Nesseln essen Esel gern in Wesel.«

»Sechshundertsechsundsechzig Schock sächsische Schuhzwecken.«

»In Ulm, um Ulm und um Ulm herum.«

»Koax, koax, brekkekekex.«

Raum und Raumschmuck

Platz muß natürlich sein. Aber es genügt schon, den Teppich zusammenzurollen und unter das Bett zu schieben und den Tisch möglichst aus der Mitte des

Zimmers an eine Wand zu stellen. So wird eine kleine Fläche zum Spielen und Springen frei. Alles, was herumsteht – Blumentöpfe, Vasen, Zeitungsständer und Kleinmöbel – bringt ihr in Sicherheit. Zwei Schnüre, schräg durchs Zimmer gespannt und gut befestigt, genügen, um Lampions, farbige Luftballons, Vögel, Fische und anderes gefaltetes Zeug daran aufzuhängen. Noch ein paar Luftschlangen auf den Tisch oder über das Gardinenbrett, und schon ist ein stimmungsvoller Rahmen da.
Für die Kleineren: Meist reicht der große Familientisch nicht aus. Hinaus damit! Dafür legt ihr zusammengefaltete Decken oder Sofakissen auf die Erde und feiert »türkisch«! Auch der Kakao und die Orangeade schmecken sofort »türkisch«, wenn sie durch farbige Trinkhalme eingesogen werden. Zum Aufstellen der großen Kuchenteller, Salathäppchen, Preise und Gewinne wird das Bügelbrett mit einem tief herabhängenden Tischtuch überdeckt.

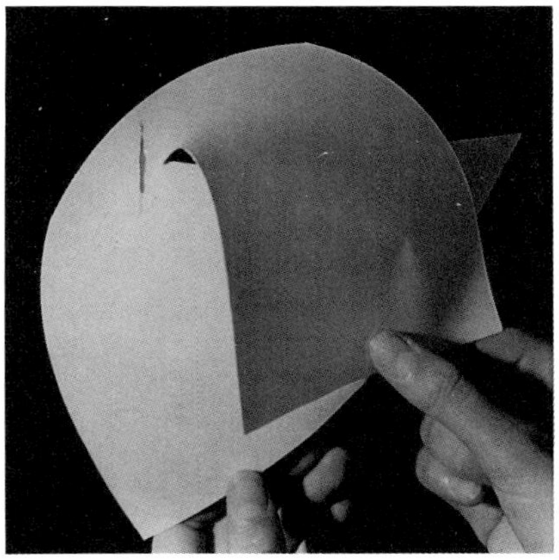

a–b

Was zieht man an?
Möglichst wenig! Schwitztrachten sind auf die Dauer unbequem und einer guten Stimmung abträglich. Es ist auch ein Irrtum, zu glauben, daß man auf einem Faschingsfest unbedingt sein Gesicht hinter einer dekorativen Maske verbergen müsse. Niemand hält so etwas auf die Dauer aus! Hingegen läßt sich eine leichte Verkleidung oder eine schmucke Kappe den ganzen Nachmittag über tragen und stört auch beim Spielen nicht. Aus verständlichen Gründen verzichten viele auf strenge Maskerade und beschränken sich auf Kappe und Knollennase. Eine solche lustige Zusammenkunft bezeichnet man als »Kappenfest«. Zur Anfertigung schmucker Karnevalskappen siehe die Abbildungen!

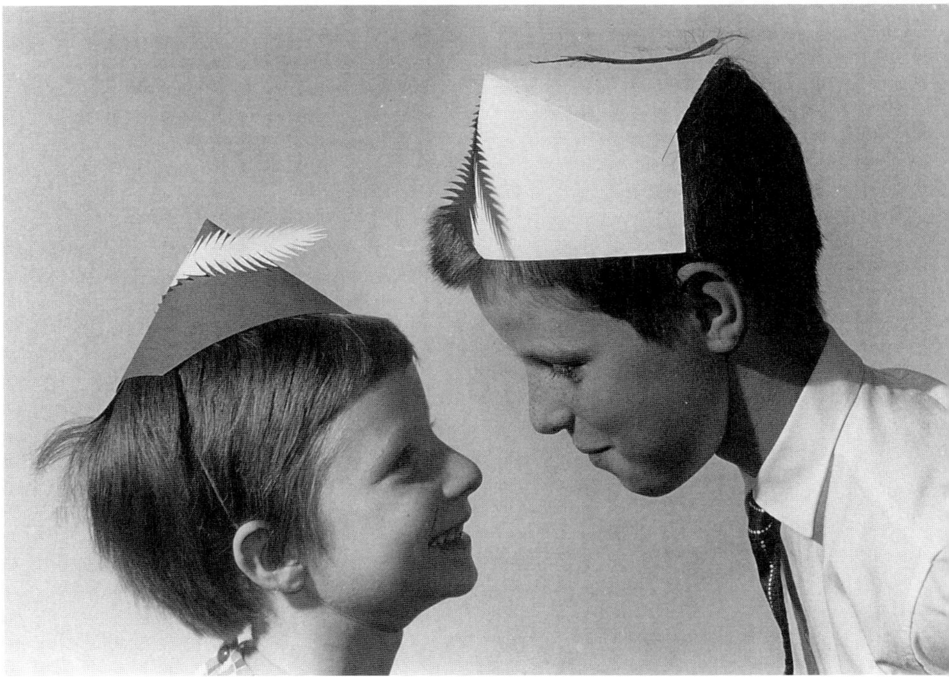

Rechts: Diese einfachen und doch sehr schmucken Karnevalskappen aus weißem Zeichenpapier oder farbigem Tonpapier könnt ihr euren Gästen beim Empfang überreichen. Ihr braucht jeweils ein Quadrat mit einer Seitenlänge von ca. 21 cm (Schmalseite eines Schulzeichenblattes – DIN A 4), schneidet die eine Seite längs des Mittelstrichs und der Schräglinie bis zur Quadratmitte ein und die entgegengesetzte Ecke als kleineres Dreieck ab (a). Dann biegt ihr den Zuschnitt zur Kappenform (b) und verklebt die beiden Enden mit einem Tropfen Alleskleber.

Zum Verschenken – Faltschachtel und Sternkorb

Aus Zeichenpapier, farbigem Tonpapier und blitzender Metallfolie lassen sich sehr schöne Verpackungen herstellen, die auch einem bescheidenen Inhalt eine persönliche Note geben. – Die Faltschachteln links sind Arbeiten aus einem 3. Schuljahr.

So wird eine quadratische Schachtel gefaltet

Ihr braucht für eine Schachtel mit bestimmter Seitenlänge einen etwa dreimal so großen quadratischen Bogen. Aus einem DIN A3-Zeichenblatt (kurze Seitenlänge: 29,7 cm) bekommt ihr zum Beispiel eine Schachtel 10,5x10,5 cm. Diese ergibt den Deckel. Der Kasten, der ja etwas kleiner sein muß, wird aus einem 1 cm kürzeren quadratischen Zuschnitt gefaltet. Alle Kanten kräftig niederreiben!

Faltanweisung (siehe dazu die Abbildungen a – i auf der gegenüberliegenden Seite):

1. Wir falten in das quadratische Blatt Ecke auf Ecke ein Schrägkreuz (a), dann Ecken auf Mitte eine Art »Briefumschlag« (b). Wir öffnen diese Faltung wieder und falten noch einmal alle vier Ecken einzeln zur jeweils gegenüberliegenden Seitenmitte des eben eingefalteten Kniffquadrats (c). Nun die Ecken rundum auf die Mitten der nächstliegenden Kniffe (d). Die vielen Knifflinien auf dem Blatt erinnern an ein »Waffelmuster«.
2. Das so unterteilte Blatt legen wir mit seinen Kniffrücken nach unten vor uns hin. Wir schlagen zwei einander gegenüberliegende Ecken um (e) und schneiden links und rechts davon das Papier auf der Knifflinie zwei Felder tief ein (ebenfalls e), schlagen die Ecken wieder zurück, dafür die beiden anderen durch zweimaliges Umlegen in den vorhandenen Kniffen nach innen (f). Diese »Wickel« richten wir zur Schachtelwand auf (g) und knicken sie an den Einschnittgrenzen nach innen um (h).
3. Die beiden anderen, freihängenden Eckteile sind im ersten Kniff nach vorn umzulegen, im eingeschnittenen Teil hochzustellen und über die beiden losen Wandenden hinweg ins Schachtelinnere zu schlagen (i).

a–c

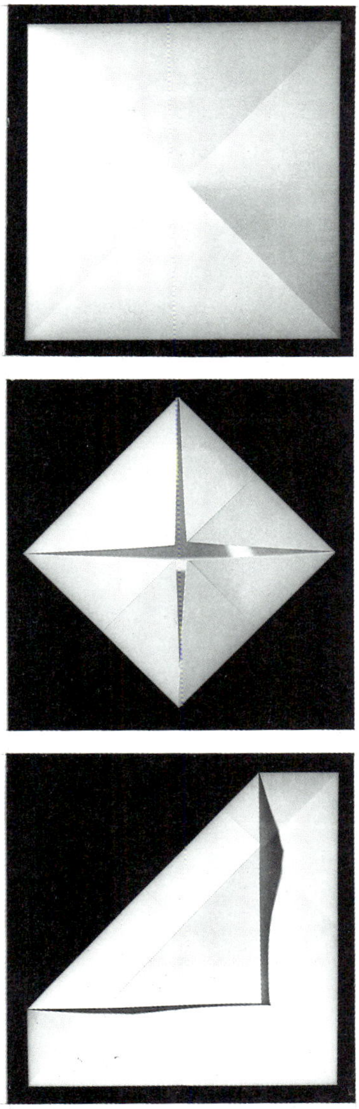

d–f

g–i

Den Wert eines Geschenks mißt man nicht am Preis, sondern an der liebevollen Absicht des Schenkenden. Das gilt auch für die Verpackung. – Ein praktisches Ausgangsformat für den hier abgebildeten Sternkorb ist ein quadratischer Zuschnitt aus einem DIN A 4-Zeichenblatt (kurze Seitenlänge 21 cm). Wie bei der vorausgegangenen Faltschachtel empfiehlt es sich, die Faltkanten mit einem Falzbein oder einem anderen glatten Gegenstand kräftig niederzureiben.

Der Sternkorb

Faltanweisung (siehe dazu die Abbildungen a – p auf der gegenüberliegenden Seite):

1. Wir kniffen in ein quadratisches Blatt Ecke auf Ecke ein Schrägkreuz, wenden um – und nun nach der anderen Seite Rand auf Rand ein Mittelkreuz. Mit diesen Faltbrüchen können wir das Blatt so zusammenlegen, daß die vier Schrägkniffe in der Mitte zusammenkommen (a) und eine kleinere (doppelt liegende) Quadratform entsteht. Diese hat unten eine geschlossene und oben eine offene Ecke. Legt die offene Ecke nach unten! – Nun faltet ihr von unten her den einen doppelt liegenden Rand an den Mittelkniff (b), ebenso den anderen. Wendet um und macht es auf dieser Seite ebenso (c).
2. Alle an den Mittelkniff gefalteten Ränder liegen doppelt. Stellt einen wieder aufrecht, spaltet ihn mit dem Finger (d) und drückt ihn zu einer »Drachenform« auseinander (e). Macht das viermal, zweimal vorn und zweimal hinten (f). Dann faltet ihr vorn und hinten die nach unten zeigende Spitze in der Mitte der Faltung aufwärts (g).
3. Eine weitere Seite der Faltung findet ihr, wenn ihr die beiden oben aufliegenden Seitenränder nach einer Seite übereinanderschlagt (h). Wieder faltet ihr die Ränder an den Mittelbruch (i) und legt den nach unten weisenden Mittelzacken aufwärts. Dann legt ihr in der Faltung »blätternd« auch noch die letzte Doppelseite frei und macht es hier ebenso (j – l).
4. Jetzt dreht ihr die Faltung wieder um, so daß die geschlossene Ecke erneut nach unten zeigt. Ihr öffnet die Tasche (m), faßt in den Korb hinein (n) und buchtet ihn allseitig auseinander (o und p).

a–d

e–h

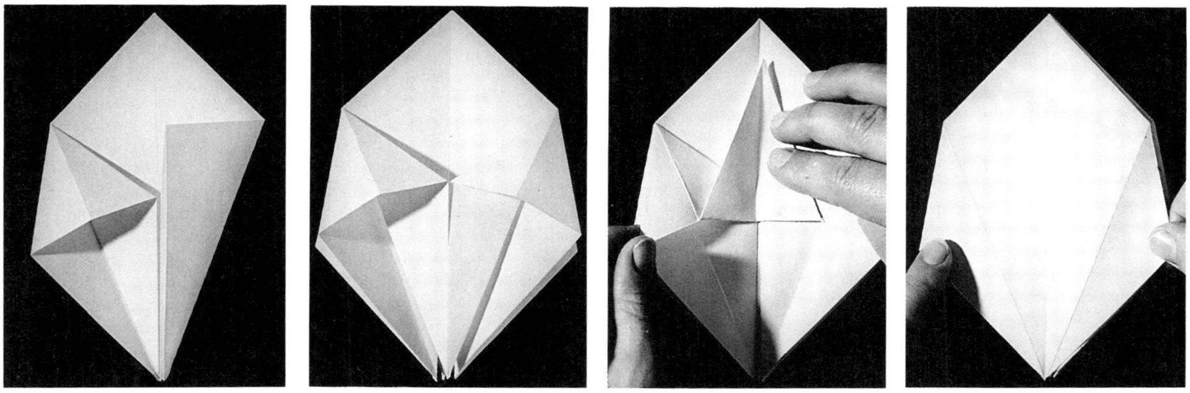

i–l

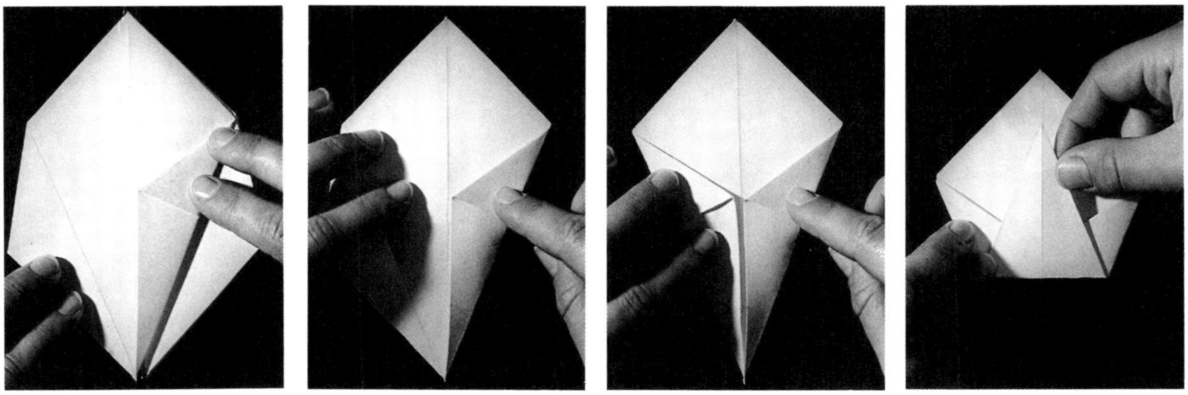

m–p

Schöne Glückwunschbriefe

So ein Glückwunsch, der von euch nicht nur geschrieben, sondern auch liebevoll bemalt wurde, ist für den Empfänger etwas Besonderes, Einmaliges, das er sicher aufbewahren und immer wieder einmal mit Freude betrachten möchte. Hier und auf den nachfolgenden Seiten findet ihr Anregungen, wie ihr solche Briefe in althergebrachter Weise falten, schreiben und bemalen könnt.

Einen Glückwunsch wollt ihr versenden? Nichts einfacher als das! In den Schreibwarengeschäften findet ihr Glückwunschkarten haufenweise übers Pult gestreut, den Text sogar mit Goldbuchstaben vorgeschrieben. Ihr braucht nur dahinterzusetzen: »entbietet ...!« – Einfacher und schneller geht es wirklich nicht. Aber soll es denn unbedingt einfach und schnell gehen? – Ihr könntet euch denken, daß sich der Empfänger über eine solche Karte gar nicht so sehr freut und sie schließlich auch bald in den Papierkorb wirft.

Auf diesen und den nachfolgenden Seiten findet ihr Glückwunschbriefe abgebildet, die gewiß nicht weggeworfen werden. Solche Briefe überreichte man früher, als es noch keine gedruckten Glückwunschkarten gab, lieben Menschen zur Hochzeit, zum Neuen Jahr oder als Braut- und Liebesbriefe. Für Geburtstage und zum Muttertag eignen sie sich ebenso. Die

Schmuckbilder und der Text folgen einer Aufteilung, die man ohne Lineal und Zirkel durch einfaches Falten des Blattes bekommt. Ein solcher Brief läßt sich zusammenfalten und auch wieder entfalten. Er sieht immer schön aus, wovon ihr euch leicht überzeugen könnt.

Der quadratische Doppelbrief

Siehe dazu die Abbildungen oben und auf der gegenüberliegenden Seite! – Ihr braucht einen quadratischen Zuschnitt aus weißem Zeichenpapier, am besten von der Schmalseite eines Schulzeichenblattes, also 21 x 21 cm. So wird der Doppelbrief gefaltet: Ecke auf Ecke ein Schrägkreuz einfalten.

Der Herzbrief hat vier gleichgroße Beschriftungsfelder, was ihr beim Abfassen des Textes beachten müßt. Natürlich kann auch ein solcher Brief vorder- und rückseitig bemalt werden. Die Schreiber der hier abgebildeten Briefe klebten sie in farbig geschmückte Deckelmappen, die sich außerdem mit einer Lasche verschließen lassen.

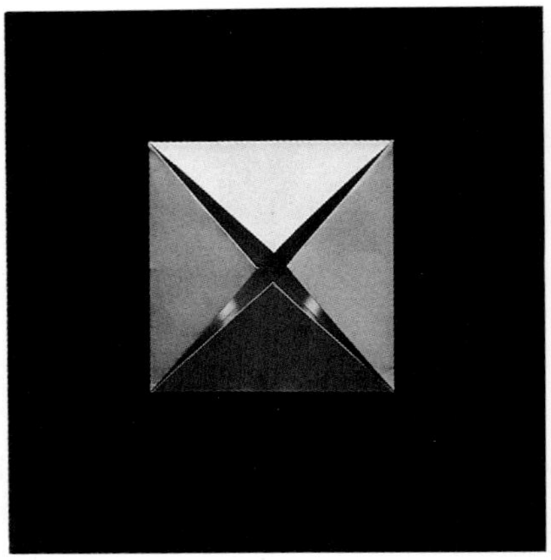

a–c

Das Blatt wieder flach hinlegen und die vier Ecken so zur Mitte falten, daß sie sich im Mittelpunkt treffen. Nun in der gleichen Richtung gleich noch einmal die vier Ecken zur Mitte falten (siehe die Abbildungen a – c oben). – Der Brief ist jetzt sehr klein zusammengefaltet. Er kann wieder geöffnet und in den Feldern zwischen den Faltlinien vielfältig beschrieben und bemalt werden.

Am besten beginnt ihr mit der schriftlichen Mitteilung im quadratischen Mittelfeld der Blattinnenseite. Diese Mitteilung muß keinesfalls in Spruchform geschrieben werden, wie es in den Beispielen auf der vorhergehenden Seite geschehen ist. Ihr könnt hier also durchaus – wie in jedem anderen Brief – eure eigenen Worte finden. Vielleicht schreibt ihr euren Brieftext zunächst einmal probeweise auf ein gleichgroßes Stück Papier, damit ihr ihn dann leichter und mit guter Aufteilung in eure »Sonntagsschrift« umsetzen könnt.

Für das Ausschmücken der großen und kleinen Dreiecksfelder am Briefrand ist es ratsam, sich auf die Wiederholung ein und desselben – selbst entworfenen! – Schmuckmotivs zu beschränken, also nicht in jedes Feld ein anderes Bildchen zu malen, wodurch der Brief sein geschlossenes Aussehen verlieren würde. – Auf der Außenseite – der »Schauseite« des Briefes – dürfen sich die gleichen Schmuckmotive wiederholen. Eine neue Aufgabe erwächst euch lediglich aus der Gestaltung des quadratischen Mittelfeldes, das dem Schriftfeld auf der Innenseite entspricht. Auch dazu findet ihr auf der vorhergehenden Seite einige Beispiele. Ihr solltet diese aber kei-

a–c

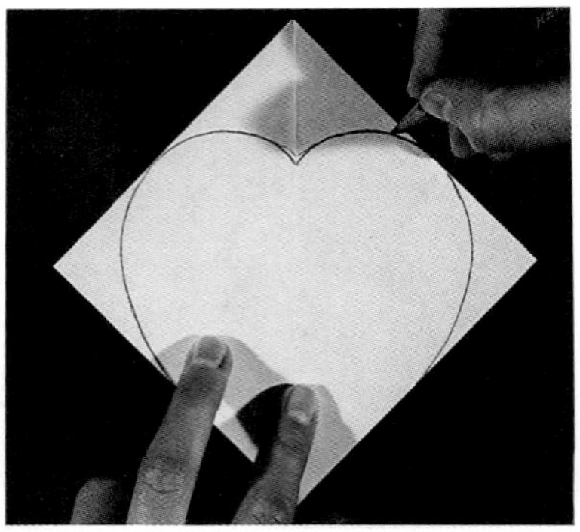

neswegs kopieren, sondern euch lieber etwas Eigenes einfallen lassen. Das geht am besten, wenn ihr dieses Buch zur Seite legt und euch selbst mit dem leeren, gefalteten Briefblatt auseinanderzusetzen beginnt.

Der Herzbrief

Siehe dazu auch die Abbildungen a – c auf der gegenüberliegenden Seite unten und auf Seite 47. Wieder wird von einem quadratischen Zuschnitt (21 x 21 cm) ausgegangen.

Die Faltung: Beide Male Ecke auf Ecke – das Schrägkreuz einfalten. Nun das Blatt umwenden und nach der anderen Seite Rand auf Rand das Mittelkreuz einfalten. Wenn ihr nun zwei gegenüberliegende Ecken anhebt und aufeinander zuführt, dann legen sie sich im Schrägbruch zusammen. Die beiden anderen Eckquadrate legen sich vorder- und rückseitig flach darüber (a).

Zur Weiterarbeit ist eine Faltschnittschablone nötig, die ihr zuvor anfertigen müßt: Schneidet aus einem Stück Papier ein Quadrat, das so groß wie die zusammengelegte Faltung ist. Faltet zwei Ecken übereinander, es entsteht ein Doppeldreieck. Zeichnet von der Faltkante ausgehend auf das obere Dreieck eine halbe Herzform. Wenn ihr diese im Faltschritt ausschneidet und öffnet, so könnt ihr sie auf eure Faltung legen und dort mit dem Bleistift umfahren (b). Wichtig ist, daß die Rundungen der Herzform die Ränder der Faltung berühren.

Wenn ihr den Herzbrief mit einem schönen Umschlag versehen wollt, faltet ihr ein ausreichend großes Stück farbigen Karton einmal zusammen, legt die Herzschablone an den geschlossenen Rand und umfahrt sie dort mit dem Bleistift (siehe rechts, Mitte). Dieser Umriß muß nun noch einmal mit gleichem Abstand umzeichnet werden. Außerdem ist eine Lasche zu berücksichtigen, die den Umschlag am entgegengesetzten Rand durch einen Schlitz geschlossen halten soll. Den gefalteten Brief könnt ihr in die rechte Innenseite einkleben.

Zu den Abbildungen:
Erste Reihe – (a - d)
Zweite Reihe – (e - h)
Dritte Reihe – (i - l)

Beim Ausschneiden (c) dürfen nur die Ecken der Faltung abfallen. In der geschlossenen Ecke (unten) muß die Faltung zusammenbleiben. Auseinandergefaltet sieht der Brief wie ein »vierblättriges Kleeblatt« aus. Jetzt könnt ihr ihn bemalen und beschriften.

Die Briefrosette

Faltanweisung (siehe dazu die Abbildungen a - l oben):

1. Wir falten in ein quadratisches Stück aus einem nicht zu starken weißen Zeichenpapier (21 x 21 cm) Ecke auf Ecke und Rand auf Rand ein Schräg- und ein Mittelkreuz und legen das Blatt Ecke auf Ecke gefaltet vor uns (a).

Wir falten die unteren Randhälften rechts und links von der Mitte aus bis an den ersten Kniff nach oben (b) und schneiden den überstehenden Zipfel mit der Schere ab (c). Danach falten wir den Bogen in die andere Schräglinie und machen es hier mit den unteren Randhälften genau so (d und e). Jetzt ist ein gleichseitiges Achteck entstanden, unser Ausgangsformat.

2. Wir falten alle Randkanten dieses Achtecks der Reihe nach an den Blattmittelpunkt, drücken dabei aber nur die beiden inneren Kniffwege nieder (f). Auf diese Weise erhält das Blatt ein kleineres, eingefaltetes Achteck in seiner Fläche.
3. Nun fassen wir das Blatt an einer Ecke, falten diese entlang der Schrägfalte in die Gegenrichtung und drücken die Mitten der beiden benachbarten Teile des Außenrandes gemeinsam an den Blattmittelpunkt (g). Der Eckzipfel steht hoch. Er wird einmal nach rechts (h) und einmal nach links (i) umgefaltet, wobei zwei neue Faltbrüche in die Unterteilung kommen. So machen wir es auch mit den anderen Ecken. In der Fläche entsteht ein sternartig gefaltetes Schalengebilde (j).
4. Das Achteck läßt sich jetzt leicht zur Rosette zusammenlegen, wie es die Abbildungen (k) und (l) zeigen.

Hier seht ihr ein paar Möglichkeiten, den Rosettenbrief entsprechend seiner Faltung zu bemustern. Eine solche Rosettenfaltung eignet sich gut als »Briefumschlag« für eine Einlage (siehe rechts).

Gefaltet, geschnitten und geklebt

Scherenschnitte! Was macht ihr damit? Am besten klebt ihr sie auf ein Stück Karton und macht damit jemandem eine Freude! Briefpapier, Glückwünsche, Einladungen, Tischkarten usw. könnt ihr wunderbar damit schmücken. Ihr klebt zum Beispiel einen farbigen Faltschnitt auf eine weiße Karte, beschreibt diese und steckt sie in einen Briefumschlag. Oder ihr schreibt ein selbstgemachtes Gedicht oder einen lieben Gruß auf ein gefaltetes Briefblatt, legt dieses in ein mappenartiges Stück roten Farbkarton und beklebt diesen vorderseitig mit einem Schnitt aus Goldpapier.

Einige Bogen schwarzes Scherenschnittpapier solltet ihr immer in einer Mappe liegen haben. Ihr müßt aber durchaus nicht nur mit schwarzem Papier arbeiten. Sehr schöne Schnitte bekommt ihr auch aus gewöhnlichem weißem Schreibmaschinenpapier, aus Goldpapier oder anderem farbigem Papier. Die Frage ist immer, ob ihr einen hellen oder dunklen Aufklebegrund habt.

Geübte Leute schneiden ohne jede Vorzeichnung direkt darauflos, entwerfen und schneiden also in einem Zuge. Aber das ist sehr schwierig! Es ist schon besser, wenn ihr für den Anfang die Umrißlinien des Motivs mit zarten Bleistiftstrichen auf der Papierrückseite andeutet.

Natürlich könnt ihr mit einer gewöhnlichen Nähschere schneiden. Es besteht nur die Gefahr, daß eine so feine Schere an dem rauhen Papier stumpf wird. Am besten besorgt ihr euch eine richtige Scherenschnittschere. Die hat eine kurze Schneide und lange Griffschenkel, damit schafft ihr dann auch zwei- bis dreifache Papierfaltungen. Dicke Faltungen müßt ihr sowieso in Schichten schneiden.

Beim Schneiden liegt die Schere ruhig in eurer Hand und macht nur die Auf- und Zubewegung, ohne ihre Richtung zu ändern. Mit der linken Hand dreht

ihr das Papier und lenkt so den Schnitt. Nie umgekehrt!
Zum Aufkleben verwendet ihr dünnen Kleister, auf keinen Fall Alleskleber! Guten Kleister gibt es im Bastelgeschäft. Er muß nach Vorschrift in Wasser angerührt werden. Notfalls könnt ihr auch den billigeren Tapetenkleister nehmen. Einfache Schnitte legt ihr umgedreht auf ein Stück Zeitungspapier. Dann bestreicht ihr sie rückseitig mit einem weichen Pinsel. Wenig Kleister auftragen! Er soll ja nicht unter den Rändern hervorquellen. Den Schnitt mit einem sauberen Tuch andrükken! Sauber arbeiten! – Feingliedrige Arbeiten werden in Teilen aufgeklebt. Dazu legt ihr den Schnitt richtigherum und in der endgültigen Lage auf den Grundkarton, befeuchtet einen schmalen Streifen Zeichenpapier an einem Ende mit Kleister und bringt diesen vorsichtig unter einen aufzuklebenden Teil der Arbeit, – zunächst in der Mitte. Von der Mitte aus arbeitet ihr euch zu den Randteilen vor. Freihängende Teilstücke können über einem Schutzstreifen umgeschlagen und rückseitig mit Kleister bestrichen werden (siehe dazu die Abbildung auf Seite 55).

Einfache Faltschnitte

Für einen einfachen Faltschnitt faltet ihr das Papier einmal zusammen. Entlang der Faltkante zeichnet ihr dann den halben Bildentwurf vor. Die andere Hälfte kommt beim Schneiden von selbst mit. Arbeitsersparnis! Der Reiz solcher Schnitte liegt aber hauptsächlich in ihrer »Symmetrie«. Linke und rechte Bildhälfte sind spiegelbildlich gleich. Als einfacher Faltschnitt ist auch der schöne Blumenkorb auf der vorhergehenden Seite oben ent-

In der Rundfaltung wird eine sauber ausgeschnittene Kreisscheibe über ihren Mittelpunkt hinweg mehrfach zusammengefaltet. Sorgfältig Rand auf Rand legen und die Faltbrüche mit dem Falzbein niederreiben! Feinere Arbeiten nie im ganzen Paket, sondern nur in doppelten Faltlagen schneiden. Mehrfach aufzeichnen! Siehe dazu auch die Abbildungen auf Seite 55!

Wenn ihr gerne und oft Briefe schreibt, solltet ihr vielleicht einmal versuchen, eurem Briefpapier durch ein heiter wirkendes Schmuckbild eine freundliche Note zu geben. Faltschnitte eignen sich dazu ausgezeichnet. Dünnes, farbiges Papier ist leicht aufzutreiben. Für die hier abgebildeten Schnitte wurden billige Faltpapierblätter aus dem Bastelladen verwendet.

standen. Die farbigen Abbildungen zeigen euch noch ein paar andere Möglichkeiten zur Anwendung.

Die Rundfaltung

Dafür benötigt ihr zunächst einen kreisförmigen Papierzuschnitt, den ihr über seine Mitte hinweg zur Hälfte, zum Viertel, zum Achtel zusammenfaltet. Für die Regelmäßigkeit dieser Schnitte ist es wichtig, daß ihr die Faltränder immer genau übereinanderlegt und mit einem Falzbein kräftig niederreibt. Damit ihr eine bessere Papierverteilung bekommt, empfiehlt es sich, das obere Teilstück zur Achtelfaltung obenherum, das andere untenherum zu führen. Wieder werden die Teile des Entwurfs nur zur Hälfte entlang der beiden Faltränder (links und rechts) vorgezeichnet. Um zu einer weiteren Unterteilung zu kommen (was dann der Sechzehntelteilung entsprechen würde), beschneidet ihr erst die Kanten der Achtelteilung, öffnet dann den Schnitt und legt ihn erneut entlang der Mittellinie zusammen. Auf diese Weise kommt ihr dann auch an die Mittelfelder der Teilstücke heran. Übrigens werden feinere Arbeiten nie im ganzen Paket, sondern immer nur in einer doppelten Faltlage geschnitten, dann auf der nächsten Doppellage erneut aufgezeichnet usw. So sind auch die beiden Rundschnitte auf der vorausgehenden Seite und das rotgrundige Blumenmuster auf der gegenüberliegenden Seite rechts unten entstanden.

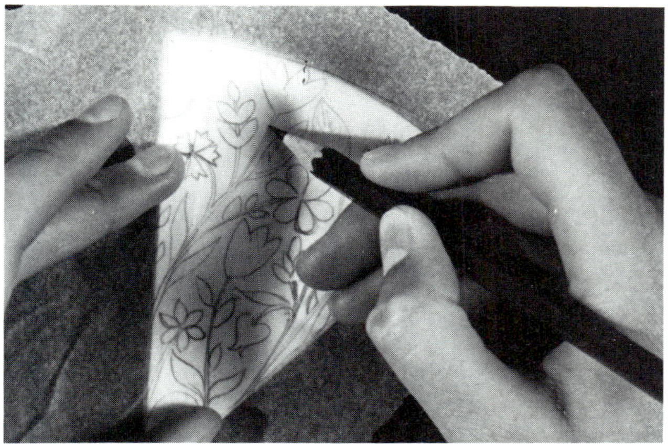

Oben: Die Schnittzeichnung wird mit Pauspapier von einem Teilstück auf das andere übertragen. Wenn ihr die Striche rückseitig mit Bleistift nachzieht, drücken sie sich beim Durchzeichnen ausreichend ab. Aufkleben von der Mitte aus! Freihängende Teile über einem Schutzpapier zurückschlagen und dort mit Kleister versorgen!

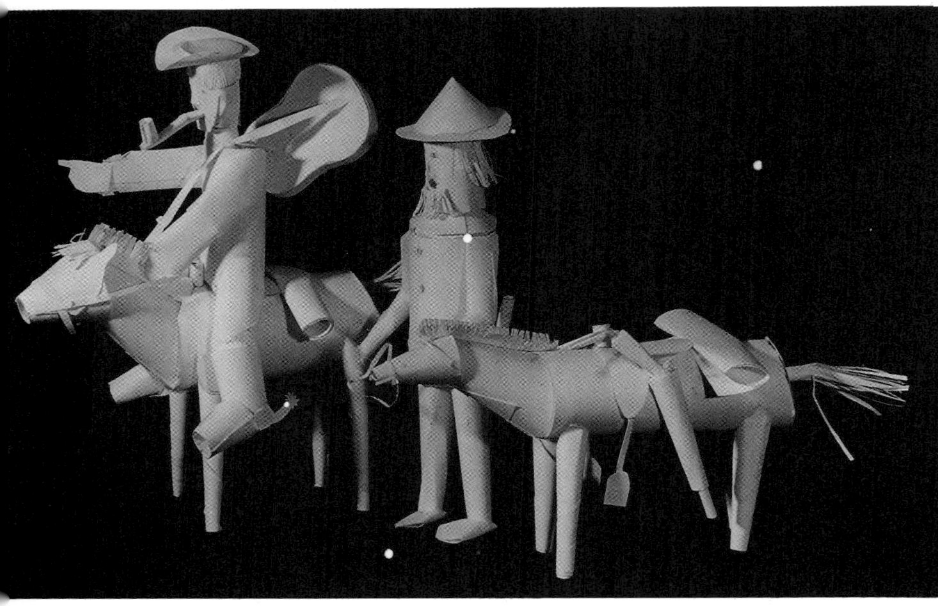

Zauberhaftes aus Papier!

Auf Zeichenpapier könnt ihr nicht nur malen. Ihr könnt es auch schneiden, knicken, biegen, rollen. Papier ist elastisch und schnellt zurück, wenn ihr es biegt und wieder loslaßt. Es muß also in seiner Lage auch immer festgehalten werden. Wie man das alles macht? – Guckt, lest und probiert es!

Zieht einmal einen schmalen Papierstreifen zwischen dem Daumen und einem kantigen Messerrücken hindurch. Er rollt sich ein, zu einem Ring oder einer Spirale, je nachdem, wie kräftig ihr mit dem Daumen gedrückt habt und wie lang und dick der Streifen selbst ist. Eine Schraubenspirale ergibt sich, wenn ihr den Streifen im schrägen Winkel über den Messerrücken zieht. Zu ähnlichen Ergebnissen kommt ihr, wenn ihr den Streifen stramm über ein rundes Holzstück wickelt. Wenn ihr den Papierstreifen breiter nehmt, könnt ihr ihn schon nicht mehr so leicht »kräuseln«. Er läßt sich dann von den Rändern aus in Fransen schneiden, die ihr wieder einzeln über den Messerrücken zieht. Rechteckige und kreisförmige Zuschnitte lassen nur einfachste Biegungen zu. Ihr verklebt sie zu Röhren, Kegeln oder röhren-

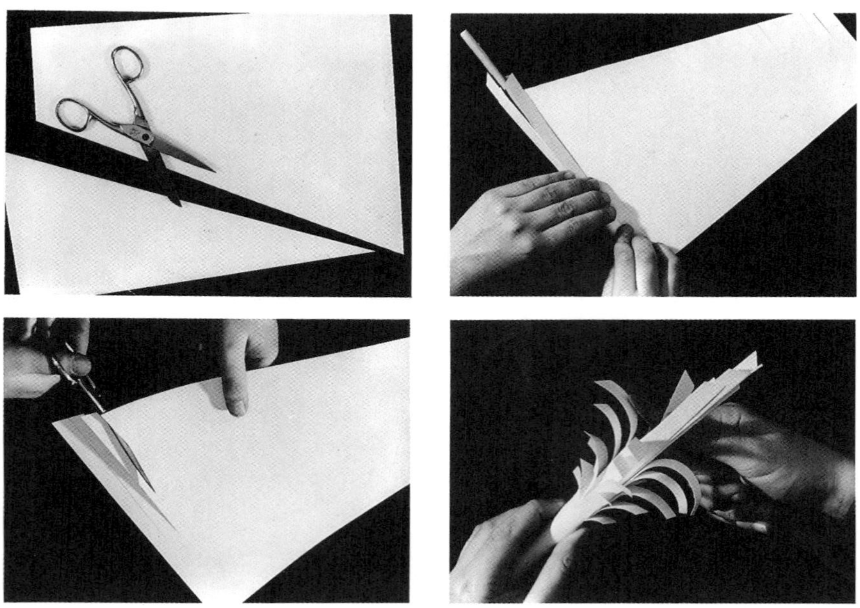

So wird ein Baum gebastelt: Von einem Schulzeichenblatt schneidet ihr eine Langseite vom kurzen Rand aus auf die gegenüberliegende Ecke zu schräg ab. Dann wird das Papier mit der breiteren Seite zuerst über einen runden Stock (Bleistift, Dübelholz) gewickelt. Das Rundholz wird wieder herausgezogen, das Ende der Rolle verklebt. Jetzt könnt ihr die einzelnen Fransen über eine Messerkante ziehen und »kräuseln«. Die Röhre läßt sich auch noch nach oben auseinanderziehen!

förmigen Kegelstümpfen, die ihr gegeneinandersetzen oder ineinanderstecken und in der gewünschten Stellung mit etwas Klebstoff verbinden könnt. Freie Ränder könnt ihr wieder in Fransen schneiden und über dem Messerrücken kräuseln.

Die hübschen Figuren, die ihr auf den Abbildungen seht, sind so entstanden. Seht zum Beispiel, in welch einfacher Weise bei dem Pferd am rechten Seitenrand Kopf, Hals und Rumpf miteinander verbunden sind. Nichts wurde vom Papier weggeschnitten! Auch der Schwanz ist nur ein andersherum verklebtes Stück der Körperröhre. Ein bißchen Phantasie müßt ihr also bei solchen Basteleien mit ins Spiel bringen – und Lust am Herumprobieren mit dem empfindlichen Zeichenpapier. Leicht und locker soll alles aussehen. Was nicht gelingen will, werft ihr in den Papierkorb!

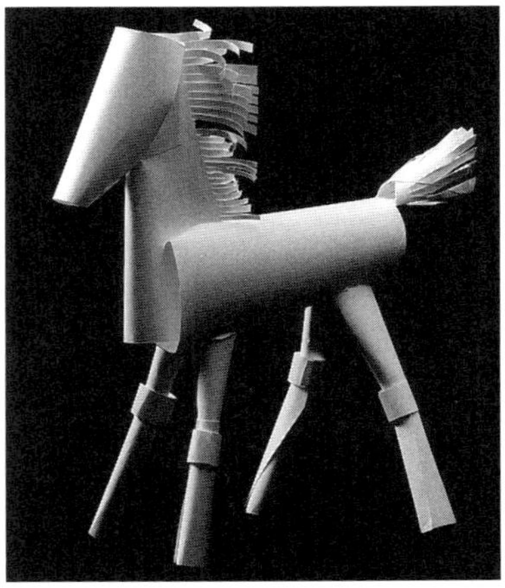

Oben: von den vielen »phantastischen Bäumen«, die die Kinder erfunden haben, können wir leider nur vier abbilden. Andere seht ihr in der nebenstehenden Bastelei eines Mädchens namens Ulrike (13 Jahre), – »Hirt im Zauberwald«. – Auch Olaf (ebenfalls 13 Jahre) hat sich mit den beiden Wildwestleuten auf der gegenüberliegenden Seite viel Mühe gegeben, – seht die vielen Einzelheiten wie Decke, Gewehr, Gitarre, Sporen! – So reizvoll also könnt ihr mit Zeichenpapier »bauen«.

Auf alle Fälle – ein Tier

Zeitungspapier gefaltet, geknautscht und mit Klebestreifen in Form gehalten, ergibt die Körper der hier abgebildeten Tierfiguren. Das Überkleben der Papierwülste mit mehreren Schichten aus gerissenen Papierstückchen nennt man »kaschieren«. Tapetenkleister ist billig und wasserlöslich. Schon kleine Kinder können gefahrlos damit basteln und kommen sicher zu ebenso guten Ergebnissen, wie sie hier zu sehen sind.

Ein Tier? – Das kann ein Pferd sein, ein Elefant, ein Saurier. Daß unsere Bastelkinder ausgerechnet auf Vögel gekommen sind, ist Friederikes Schuld, die so gerne einmal mit dem farbigen Pergamin basteln wollte, das zufällig auf dem Tisch lag. Und eine »goldene Gans« brauchte die Gruppe für ihr demnächst stattfindendes Theaterspiel!

Daß Elefanten und Mäuse grau sind, wißt ihr. Von den Sauriern weiß man das nicht so genau. Daher haben diese auf den Bildern oft so schöne bunte Farben – grün, blau, violett. Bei Sauriern hätte eure Phantasie also einen besonders weiten Spielraum. Nicht nur bei den Sauriern! Niemand muß sich aufregen, wenn ihr vielleicht einen roten, grünen oder gelben Elefanten mit einem weißen oder blauen Kringelmuster schöner findet als einen einfach nur grauen! – In der »bildenden Kunst« könnt ihr euch wie Gehilfen Gottes vorkommen und Tiere ersinnen, die es in der Natur nicht gibt und nie gab. Seht euch Friederikes »Wundervogel« auf der gegenüberliegenden Seite an, dann wißt ihr, was gemeint ist. Ist dieser Vogel mit dem fremdartig bunten Federkleid nicht einfach schön? – Und ist er nicht ein Vogel? – Der langen Rede kurzer Sinn ist also der, daß ihr eurer Phantasie freien Lauf lassen sollt. Ein Tier soll es werden, – nichts weiter!

Nun fragt ihr natürlich, wie so eine Körperform am einfachsten zu bewerkstelligen ist. Mit Ton wäre das kein Problem. Auch Holz oder Stein wäre möglich, wenn auch weitaus schwieriger zu bearbeiten. Denkt an die Arbeit, die sich ein Bildhauer machen müßte! – Euer Material ist leicht zu beschaffen und eignet sich ebenso gut: Zeitungspapier! Zeitung könnt ihr knautschen, zusammenknüllen, lang- und querziehen, verschnüren oder zu prallen Bündeln verkleben. Papierwülste dieser Art stecken in allen Figuren, die ihr hier in den Abbildungen sehen könnt. Zeitungspapier ist sozusagen ihre eigentliche Körpermasse. Was darübergekommen ist, ist im Grunde auch nichts anderes als Zeitung, nur eben in kleine Stückchen gerissen und wie Dachziegel oder die Schuppen eines Fisches mit Tapetenkleister übereinandergeklebt. Zur Abwechslung könnt ihr auch Packpapier nehmen.
Man nennt dieses mehrfache Übereinanderkleben kleiner Papierstückchen in Schichten – »kaschieren«. Immer wenn ihr mit einer Schicht fertig seid, muß diese gründlich durchtrocknen, damit sie fest wird. Darüber kommt die zweite Schicht (möglichst mit andersfarbigem Papier, damit ihr mit den Schichten nicht durcheinanderkommt) und nach deren gründlichem Trocknen die dritte – usw. Es ist also nicht so wie bei Gottvater an seinem Schöpfungstag – »es wurde Morgen, es wurde Abend ...« und schon brüllte, miaute und schnatterte die ganze Tierwelt durcheinander. Das gründliche Durchtrocknen der einzelnen Schichtlagen braucht Zeit! Und wenn ihr gerade mal keine Lust mehr habt und lieber draußen spielen wollt, dann laßt ihr euer Werkstück eben ein bißchen länger in Heizungsnähe liegen und bastelt nächste Woche weiter.

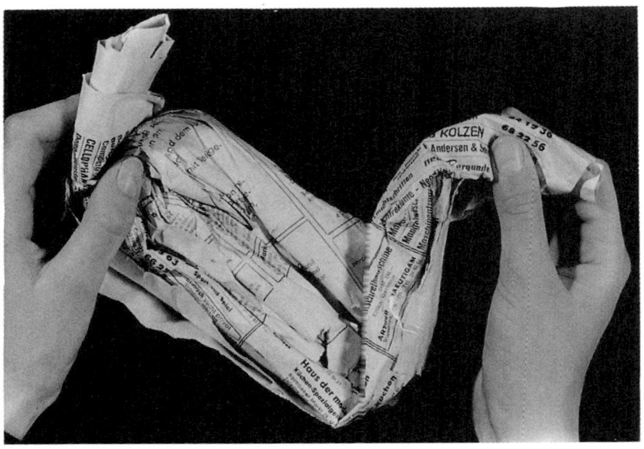

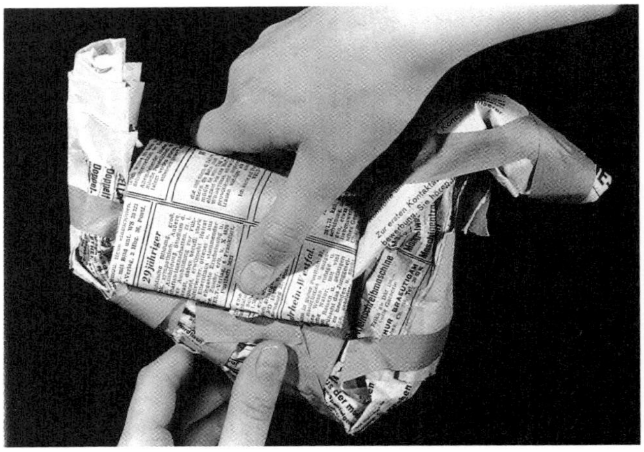

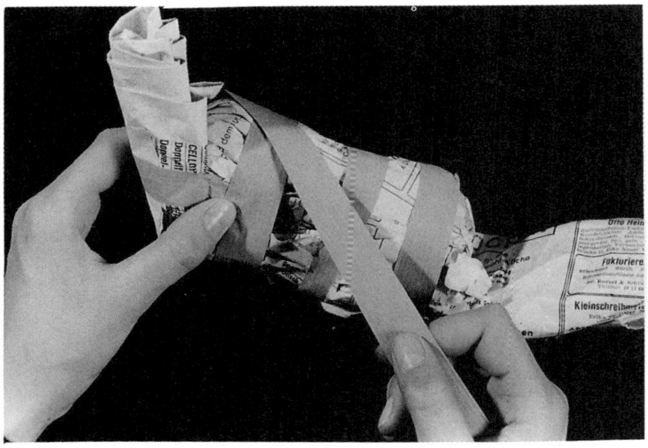

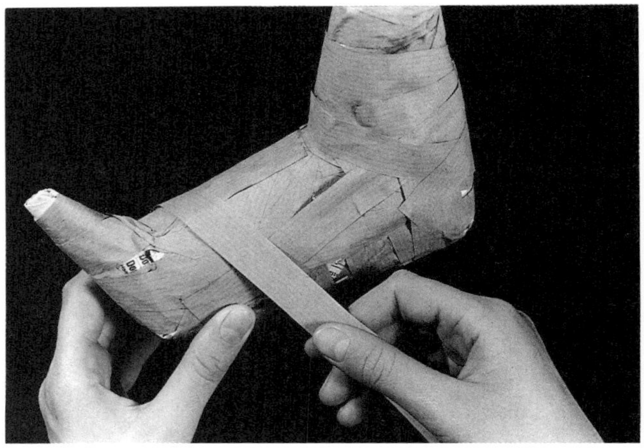

Oben: Zeitungspapier wird der Form des Tierkörpers entsprechend gefaltet und mit Papierklebeband umwickelt. Durch Hinzufügen weiterer Papiermengen kann man die Form noch verbessern. An Stelle des Klebebands könnt ihr auch Bindfaden nehmen. Je geschlossener die Oberfläche ist, um so leichter läßt sie sich kaschieren.

Unten: Kleister befindet sich im Marmeladenglas. Gerissene Papierstückchen werden auf einer Unterlage ausgelegt und mit dem Kleisterpinsel dick überstrichen. Nach einer Weile, wenn sich die Papierchen mit Kleister vollgesogen haben, werden sie Stück für Stück auf den Tierkörper aufgebracht und mit den Fingern angerieben.

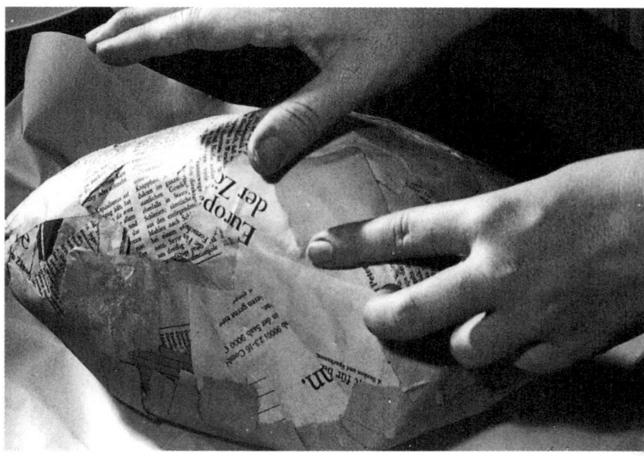

Übrigens: Sind die auf der vorhergehenden Seite abgebildeten Tierfiguren nicht schön? Kaum zu glauben, daß die beiden Mädchen, die den Vogel (in Seitenmitte) und den Fisch gebastelt haben, erst 9 Jahre alt waren. 3. Schuljahr! – Es gibt viele Leute, die sich so ein kleines »Kunstwerk aus Kinderhand« gern in ihre Vitrine oder in den Glasschrank stellen würden. Also, – wenn ihr wieder einmal ein Geschenk für Mutti oder für die Oma braucht, wie wäre es denn damit?

Die Abbildungen auf dieser Seite zeigen den Wechsel der Papierschichten beim Kaschieren:

Oben: Hier seht ihr den ganz und gar mit Kreppapierband umwickelten Papierwulst für die auf Seite 59 abgebildete »goldene Gans«.

Mitte: Die erste, mit Kleister aufgesetzte Schicht aus gerissenen Zeitungspapierstückchen. Kleister verbindet sich gut mit dem Papier, so kann man auch die gerissenen Ränder glatt anstreichen.
Schicht gründlich trocknen lassen!

Unten: Die nächste Schicht (zur Unterscheidung der Schichtlagen) aus gerissenen Packpapierstückchen. Das festere Packpapier muß vor dem Aufsetzen besonders gut mit Kleister durchfeuchtet werden.
Wieder: Trockenzeit beachten!

Für die »goldene Gans« wurde zum Abschluß eine weitere Schicht aus gerissenen Aluminiumfoliestückchen (einfache »Alu«-Folie oder »Goldfolie» mit papierener Rückseite) aufgebracht. Goldfolie kauft man meterweise (von der Rolle) in der Papierhandlung.
Hütet euch davor, »doppelseitige Goldfolie« einzukaufen! – weil der Kleister eben nur Papier gegen Papier ordentlich kleben kann.

König, Kalb und Rumpelstilz

Stockpuppen haben ihren Namen von dem Stock, an dem der Kopf sitzt und an dem sie aus dem Verborgenen von unten her geführt werden. Der Stock selbst wird über der Bühnenkante von der Kleidung der Puppe verdeckt. Unten sollte er ein wenig länger sein, damit man ihn hinter der Wand bequem halten kann. Das Basteln solcher Stockpuppen und das Spielen damit ist eine reizvolle Aufgabe auch schon für kleinere Kinder. Die Abbildungen zeigen Ergebnisse aus einem 3. Schuljahr.

Es ist schön draußen! Da denkt ihr euch etwas aus für ein Kindergartenfest oder für eine Kindergeburtstagsfeier oder – bescheidener – überhaupt nur etwas für ein fröhliches Draußensein. Zwei, drei starke Holzleisten werden in den Rasen gerammt, zwei alte Wolldecken mit Sicherheitsnadeln an den kurzen Seiten zusammengeheftet und als Wand dazwischengespannt.
Und wenn es draußen regnet oder zu kalt ist, dann spielt ihr eben im Hause. Schon eine Sessellehne tut es, wenn ihr noch klein genug seid. Sonst befestigt ihr eine Leiste im Türrahmen und hängt eine Decke darüber. Hinter der Wand ist der Spielraum, der von den Zuschauern nicht eingesehen werden darf. Davor sitzt das Publikum im Schneidersitz, mit gekreuzten Beinen. Was soll denn gespielt werden? – Nicht, daß es euch so geht wie dem kleinen Johann Wolfgang Goethe, der einmal für eine Theatervorstellung alle Vorkehrungen traf, das Zimmer ausräumte, Einladungen schrieb, und in dem Moment, da sich das Publikum im Raume drängte, noch nicht wußte, was er eigentlich spielen wollte.
Habt ihr schon ein Stück? Habt ihr schon Figuren? Vorhandenen Figuren kann man schnell die richtigen Worte in den Mund legen. Also, bei den Figuren beginnt es!

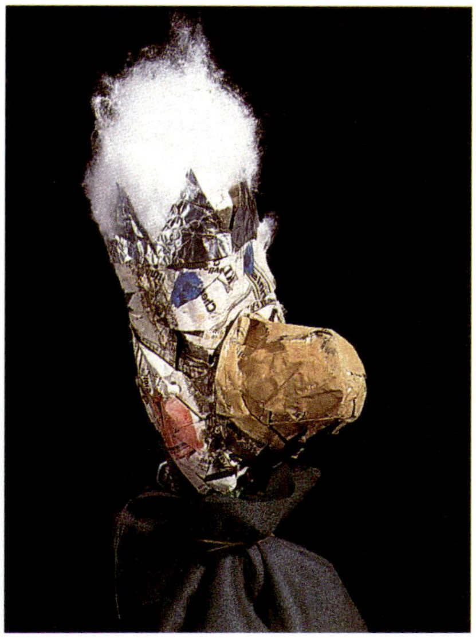

So werden Stockpuppen gebastelt und geführt:
Ihr braucht zunächst einen Rundholzstock, nicht zu dünn, nicht zu lang, nicht zu kurz, – so etwa fingerdick, mit einem halben Meter müßtet ihr gut hinkommen. Über das obere Ende bindet ihr ein gefaltetes Zeitungsblatt. Ein anderes Blatt knüllt ihr locker darüber. Dieser Wulst soll den Kopf ergeben. Ein drittes Blatt läßt sich nun gleichmäßig darüberdecken und am Hals abbinden. Zum Ansetzen der Nase und der Ohren nehmt ihr wieder Klebestreifen. Der Kopf selbst soll kaschiert werden: Kleister, gerissene Papierstückchen – siehe im vorhergehenden Kapitel! – Bemalung am besten mit Plakatfarben. Ein paar bunte Stoffreste braucht ihr noch für die Bekleidung. – Wie die Puppen aussehen, so sprechen sie auch. Probeweise wird die Puppe hochgeführt, begegnet sie einer zweiten. Beide sprechen miteinander, wie es euch gerade einfällt. So beginnt ihr zu spielen, ohne den Text vorher auswendig zu lernen!

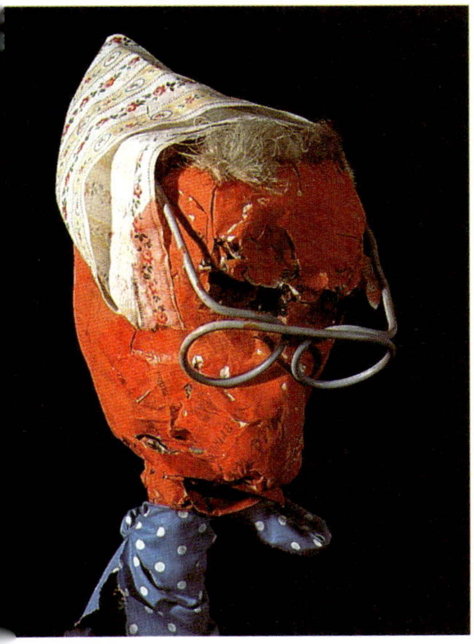
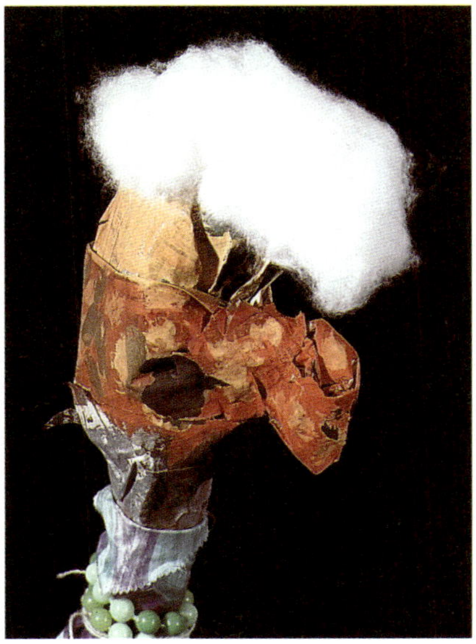
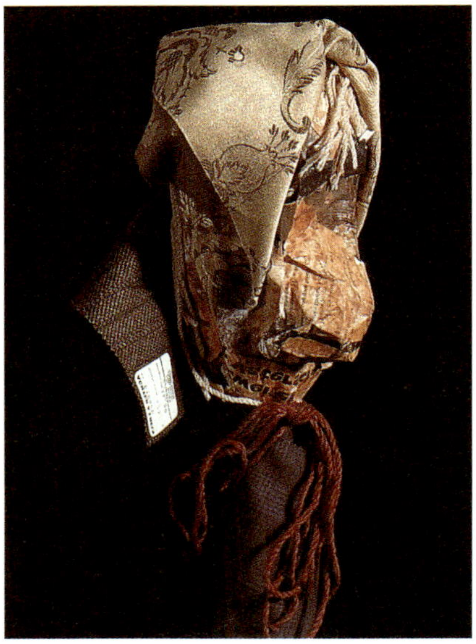

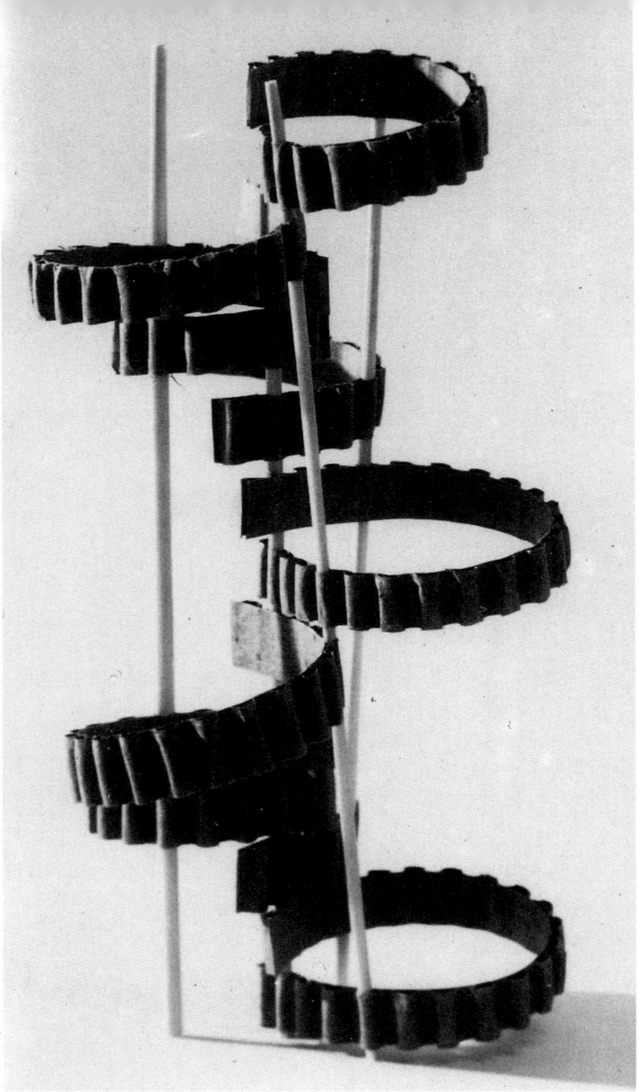

Wellpappe und Stroh, – baut doch mal damit!

Wellpappe ist billig. Man kauft sie in den sogenannten »Karton-Zentralen« als Meterware von der Rolle. Auch benutzte Verpackungsreste lassen sich verwenden, wenn sie noch nicht zerdrückt sind. Die Sorten unterscheiden sich nach der Höhe der Wellen und der Zahl ihrer Schichten. Ihr könnt nur die einschichtige Wellpappe verwenden, die nur eine (einseitige) Wellenlage über der flachen Papierbahn hat.
Strohhalme sind in den Bastelgeschäften unter der Bezeichnung »Werkstroh« zu bekommen. Es müssen Strohhalme sein. Kunststofftrinkhalme sind zu glatt, zu weich, zu dünn. Notfalls könnt ihr auch Blumenstäbchen (aus der Gärtnerei) nehmen.
Nehmt einmal ein Stück Wellpappe in die Hand! Ihr seht, daß die einzelnen Wellen rechtwinklig zum Rand quer über die ganze Pappbreite laufen. An der Schnittkante bilden die Wellen mit der glatten Papierbahn, auf

Beim Bauen mit Wellpappe und Stroh kommt es immer wieder zu reizvollen Versuchen. Die Abbildungen zeigen euch ein paar Ergebnisse: Ein »Kunstwerk« für den Garten (oben), feste Dreiecke für ein noch nicht fertiggestelltes Bauvorhaben (links), ein Hochstand (rechts, Mitte) und anderes. Peter hat mit der Konstruktion eines stabilen Turms auf kräftigen Stützpfosten begonnen (rechts). Bei genauem Hinsehen erkennt ihr, daß er jeweils zwei Halme mit kleinen Streifenabschnitten (Doppelmuffen) verbunden hat.

der sie aufgeklebt sind, kleine, halbkreisförmige Zellen. Auffallend ist der Unterschied in der Biegsamkeit. In einer Richtung läßt sich Wellpappe leicht zusammenrollen. Quer zu den Wellen ist kein Biegen möglich! Wollt ihr die Wellpappe auch in dieser Richtung abwinkeln, dann müßt ihr die Wellen wohl oder übel mit einem scharfen Messer bis auf die flache Papierschicht durchschneiden. Probiert das mal! – Ein gegen die Wellen abgewinkeltes Stück Wellpappe verliert seine einseitige Biegsamkeit – es ist in beiden Richtungen starr. – Zum Abwinkeln mit dem scharfen Messer braucht ihr eine Führungsleiste (Holzleiste) und eine gute Unterlage.
In Wellpappe und Stroh stecken bereits die Möglichkeiten einer gut funktionierenden »Steckverbindung«. Erkennt ihr sie? – Der Auftrag »baut doch mal damit!« fordert euch auf, diese Möglichkeit zu erkunden und zu nutzen. Spielregel: Keinen Klebstoff verwenden!

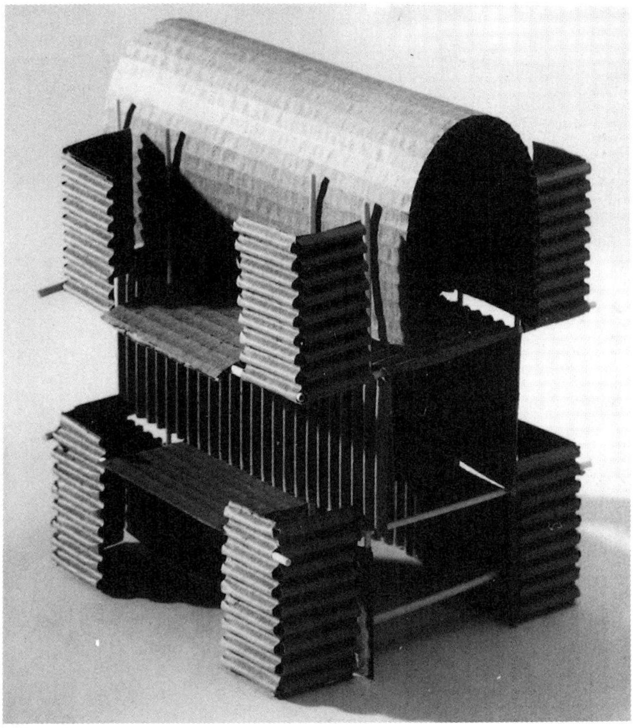

Charmante Biegeschnurpüppchen

Als Großmutter klein war, umwickelte sie einen bemalten Holzkegel mit bunten Lappen, legte ihn in eine Pappschachtel und zog diese an einem Faden in der Wohnung umher. Puppen wurden von den Kindern zu allen Zeiten gern gebastelt. Auch war immer genügend Phantasie da, um über fehlende Werkmittel und mangelnde Geschicklichkeit hinwegzuhelfen. Das ist auch heute noch so. Die abgebildeten Biegeschnurpüppchen, denen der »look« unserer Tage nicht abzusprechen ist, wurden von neunjährigen Mädchen mit modernem Bastelmaterial hergestellt.

Es begann damit, daß die kleine Susanne eines Tages eine große Holzkugel aus ihrer Tasche kramte, vor mich auf den Tisch legte und mit verheißungsvollem Gesicht sagte: »Ich kann zaubern!« – Da war ich natürlich neugierig. Und tatsächlich, es war wie Zauberei, als sie mit schnellen Griffen aus der blanken Holzkugel und etwas farbiger Wolle ein Puppenköpfchen entstehen ließ. – Dann mußte ich mit Susanne in die Stadt gehen und eine Rolle Biegeschnur einkaufen. Wollreste, farbige Lappen usw. waren im Hause. Als Mutter uns auch noch Nadel und Faden und ihre gute Schere lieh, konnten wir mit der Arbeit beginnen. Biegepüppchen aus Drahtschnur lassen sich sehr leicht herstellen. Gut eignet sich das 6 mm dicke Schnurmaterial, das es in den Bastelläden zu kaufen gibt. Auch rohe Holzperlen mit halbseitiger Lochbohrung sind zu bekommen. Am besten nimmt man Perlen mit 4 cm Durchmesser. Gardinenkugeln lassen sich wegen ihres häßlichen Lacküberzugs weniger gut verwenden.

Aus drei langen Schnurstücken – je 48 cm – biegt ihr für die Puppe ein Gerüst zusammen. Zwei Stücke werden über der Mitte zusammengebunden und im Winkel gebogen: 16 cm für Schulter, Arm und Hand, 32 cm für Rumpf, Bein und Fuß. Seht euch dazu die Abbildungen auf der gegenüberliegenden Seite an! Das dritte Schnurstück wickelt ihr so darum, daß etwa 4 cm für den Hals überstehen.

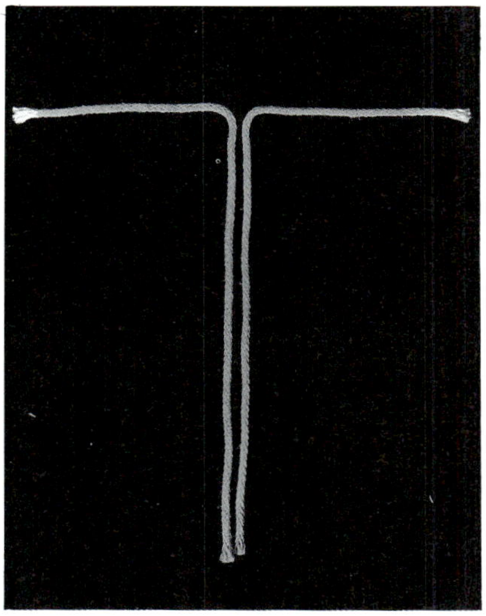

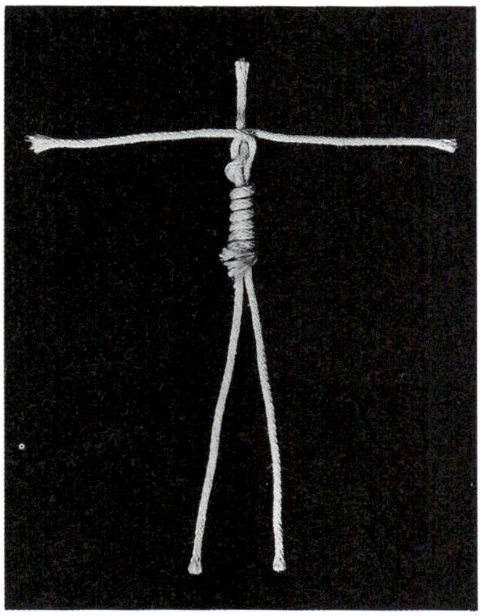

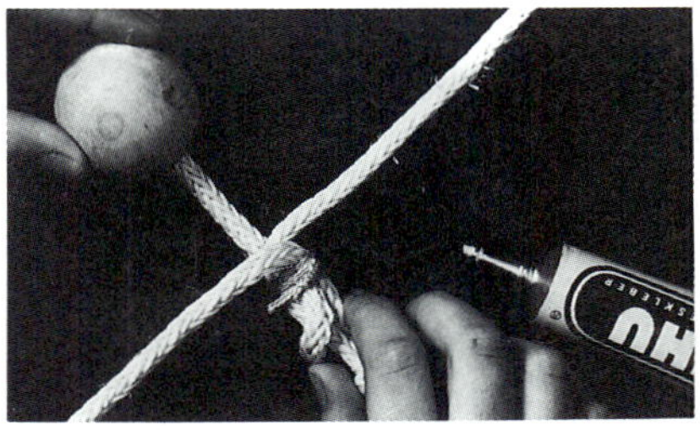

Er wird mit Alleskleber in die Bohrung der Holzperle eingeklebt. Biegt ihr nun die Fußenden rechtwinkelig ab, dann kann die Puppe sogar stehen. Nun wird sie angezogen. Haare aus Wolle ergeben eine hübsche Perücke. Kleider aus farbigem Stoff entstehen nach Schnittmustern, die ihr euch am besten selbst ausdenkt. Augen und Mund können mit Filzschreibern oder Deckfarben aufgemalt werden. Damit die wässerigen Farben im weichen Holz nicht auslaufen, überreibt ihr die Oberfläche der Kugel zuvor dünn mit weißem Papierklebstoff. Die von Susanne gebastelte Puppe kann sitzen, laufen, hocken und spielen. Sie ist ein quicklebendiger Springinsfeld, und Susanne hat ihr auch schon einen lustigen Namen gegeben. Legt sie aber jetzt lieber ins Bett, vom vielen Anprobieren ist sie müde geworden. – Gute Nacht Springinsfeld! – Gute Nacht, Susanne! – Gute Nacht, ihr alle zusammen!

Stockpuppen aus Wellpappe

So fremdartig euch das Spielen mit den Stockpuppen vorkommen mag, so überraschend wirkt es auf eure Zuschauer. Da sind der König mit seinem Minister, die süße Prinzessin und der junge Prinz! Sie sehen gespenstisch aus mit ihren walzenartigen Köpfen, den starren Gesichtern und den »welligen« Haaren. Der König macht den Eindruck, als würde er sein Volk fortwährend durch ein Fernglas beobachten. Das ist unheimlich! Und das Gesicht der Prinzessin verschwindet geradezu hinter dem Gehänge der Locken und Wimpern. Es ist schwer zu sagen, was mehr Spaß macht, – das Basteln dieser Figuren oder das Spielen damit. Am besten fangt ihr erst mal an! Auf Seite 64 ist gesagt, wo ihr Wellpappe kaufen könnt. Ihr braucht eine ganze Menge! Die Köpfe sind nicht etwa hohl wie leere Spargeldosen, sondern aus langen Streifen eng gerollt. Das gibt ihnen genügend Festigkeit. Und dann sollten die Wellen des Materials auch nicht durch schlimme Behandlung zerdrückt

Oben: Die Prinzessin mit langem Lockenhaar.

Links: Der König und sein Minister, beide sehr streng und sehr vornehm!

sein, was vielleicht dem Gesichtsausdruck eines Boxers oder Freistilringers entsprechen würde, nicht aber den Figuren, die hier zur Debatte stehen.
Am besten schneidet ihr euch zunächst ein Stück in der Größe 20x30cm zu. Das wickelt ihr um einen Rundholzstock – siehe Seite 63. Das Ende der Rolle wird verklebt. Den Stock könnt ihr nun wieder herausziehen, denn er stört euch bei der Arbeit. An die Stockrolle wird der Kopfstreifen angesetzt. Die Höhe und Dicke der Kopf»trommel« bestimmt ihr selbst durch den Zuschnitt des Streifens und die Zahl der Wicklungen.
Wenn ihr die Stockrolle unten etwas herausstehen laßt, könnt ihr dort auch gut das Puppenkleid ansetzen. Ihr könnt auch euren Finger in die Rolle stecken und habt dann eine Handpuppe. Aber zum steifen Charakter dieser Figuren paßt die Führung mit dem Stock besser. Auch ein Hut läßt sich aus unterschiedlich großen Wickelscheiben zusammensetzen. Für Augen, Nase, Mund und Haar solltet ihr selbst nach Lösungen suchen!

Oben: Der Prinz, einmal von vorn und einmal von hinten!
Unten: Die Figur des Zauberers hat ein Doppelgesicht. Je nachdem, wie sie gedreht wird, zeigt sie ihre »gute« oder »böse« Seite.

Laterne, Laterne ...

Sobald es Herbst wird, beginnen die Kinder in vielen Gegenden mit dem »Laternelaufen«. Alle haben ihre bunte Papierlaterne. Mit Einbrechen der Dunkelheit ziehen sie vereinzelt oder in Haufen singend durch die Straßen, und wo sie auftauchen, fühlen sich die Menschen daran erinnert, daß nun die Tage kürzer werden. – In anderen Gegenden haben die Kinder auch für den Martinsabend eine bunte Laterne. Dieses Brauchtum gipfelt in einem großen Lichterumzug mit anschließender Kinderbescherung, mit der des barmherzigen Reiters gedacht wird, der um das Jahr 355 vor dem Stadttor der französischen Stadt Amiens mit einem Bettler seinen Mantel geteilt haben soll.

Eine einfache Laterne in »Transparenttechnik«

Für den Bau des Laternenkörpers besorgt ihr euch schwarzen Karton, den es in Bogen 50x70cm zu kaufen gibt. – Eine runde Pappscheibe wird über einem etwa 25cm hohen Streifenstück abgerollt. Der Streifen wird hinter einem Kleberand abgeschnitten. In diese Mantelfläche schneidet ihr ein rundes Loch, dieses hinterklebt ihr mit farbigem Seidenpapier oder Pergamin. Ihr haltet den Karton gegen das Licht und seht, – es »leuchtet« schon.

Gegenüberliegende Seite: Oben eine Kegelstumpflaterne, darunter das in der Fläche ausgebreitete transparente Schmuckbild. – Die Kegelstumpflaterne kann als Standlaterne oder Stocklaterne gebastelt werden. Für eine Stocklaterne besteht der Boden aus einer runden Holzscheibe, die in der Mitte durchbohrt und auf den Tragestock aufgesteckt wird. Das obere Ende des Stocks, das ein Stückchen in den Laternenkörper hineinragt, kann dann auch als Zapfen zur Befestigung des Kerzenhalters dienen.
Die Abbildungen auf dieser Seite zeigen verschiedene, von den Kindern gebastelte Laternen.
Die Form ihrer Bodenflächen (Quadrat, Dreieck, Kreis) bestimmt ihr Aussehen. Die Kanten können senkrecht oder schräg verlaufen. Außerdem besteht die Möglichkeit, auch diese Laternen als Hänge-, Steh- oder Stocklaternen zu basteln.

Mehrere solcher Fenster, in den Karton geschnitten und rückseitig hinterklebt, ergeben einen bunten Laternenmantel. Er wird seitlich zur Röhre geschlossen und mit seinem unteren Rand auf die Pappscheibe aufgeklebt. Dazu könnt ihr den Röhrenrand zackig schneiden und die Zacken nach innen umknicken. Zur Versteifung des oberen Randes braucht ihr eine ebenso große Pappscheibe, die ihr von innen her bis auf einen schmalen Rand kreisförmig ausschneidet. Drahtbügel und Tragestock bekommt ihr im Bastelladen. Ein Teelicht kann mit Wachs am Boden befestigt werden.

Kastenlaternen

Die vier Mantelflächen werden aus einem langen Kartonstreifen gefaltet. Nur sorgfältiges Übereinanderlegen des unteren Streifenrandes führt zu wirklich senkrechten Faltkanten. Beim Knicken hilft ein Falzbein oder Messer, mit dem der Karton von unten gegen eine aufgelegte Linealkante gedrückt wird. Als Boden braucht ihr ein dickeres Pappstück. Wenn ihr seitlich neben der Kerzenbefestigung zwei Löcher einschneidet, dann brennt die Kerze ruhiger. Das obere Kantenviereck braucht wieder einen Versteifungsrahmen! Zur Befestigung von Tannenbaumkerzen wickelt ihr ein Stück Draht spiralförmig um ein 13 mm dickes Rundholz. Unten biegt ihr eine große, ringförmige Fußschleife an. Sie wird auf den Laternenboden gestellt und mit einem Kartonstreifen überklebt.

So wird ein Transparent gebastelt

Siehe dazu die Abbildungen a-f auf der gegenüberliegenden Seite! »Transparent« nennen wir ein Bild, das erst im durchfallenden Licht seine volle Schönheit erlangt. Am einfachsten ist das Hinterkleben aus dunklem Karton geschnittener Fenster mit farbigem Seidenpapier oder Pergamin. Zunächst muß die Entwurfszeichnung im Durchpausverfahren vom Zeichenpapier auf den dunklen Karton übertragen werden (a). Kohlepapier unterlegen! Zum Ausschneiden der Bildteile, die nachher farbig erscheinen sollen, nehmt ihr am besten eine Papierschneidefeder (b), die ihr in einen gewöhnlichen Holzfederhalter einstecken könnt. Beim Schneiden ein Stück Pappe unterlegen! – Oder ihr schneidet mit der Scherenschnittschere (c), wobei aber die empfindlichen Bildränder nicht verletzt werden dürfen. Zu beachten ist ferner, daß alle Striche in der Bildzeichnung, die später die Farbfelder trennen, als breite Verbindungsstege im Karton stehenbleiben müssen.
Das Auskleben: Zunächst werden die Innenkanten des auszuklebenden Feldes mit dem Bleistift über dem untergelegten Farbpapier umfahren (d). Beim Ausschneiden des farbigen Papierstückchens achten wir darauf, daß ringsum ein Kleberand stehenbleibt, der aber nicht breiter als der entsprechende Verbindungssteg sein darf (e). – Nun bestreichen wir rückseitig die Kartonränder mit Alleskleber oder einem anderen guten Papierkleber, der nicht so schnell wegtrocknet, und decken das zugeschnittene Farbpapierstück sorgfältig darüber (f). Zum Halten und Ausrichten solltet ihr wohl besser eine Pinzette nehmen. Wenn trotz sorgfältiger Arbeit nach dem Kleben noch da und dort Papierränder in das fremde Farbfeld hineinragen, dann müssen diese nachgeschnitten werden.

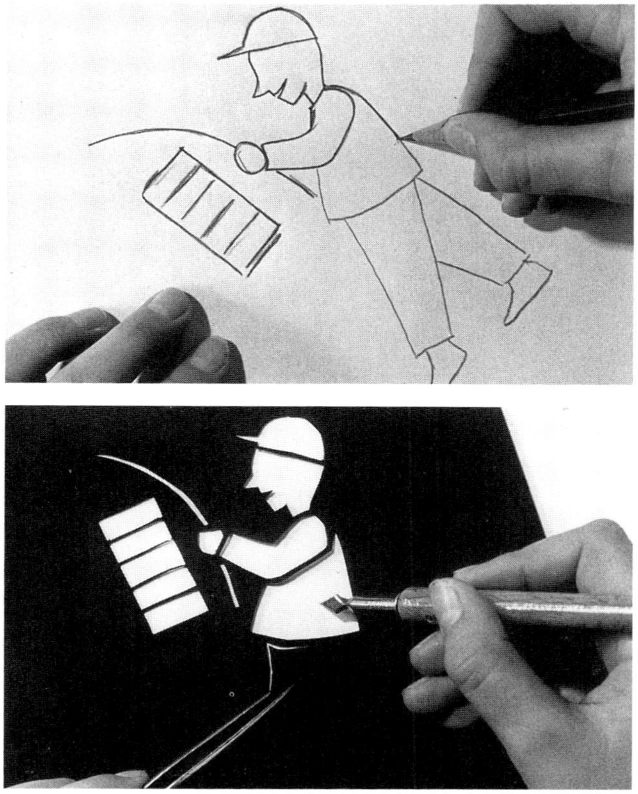

a–b

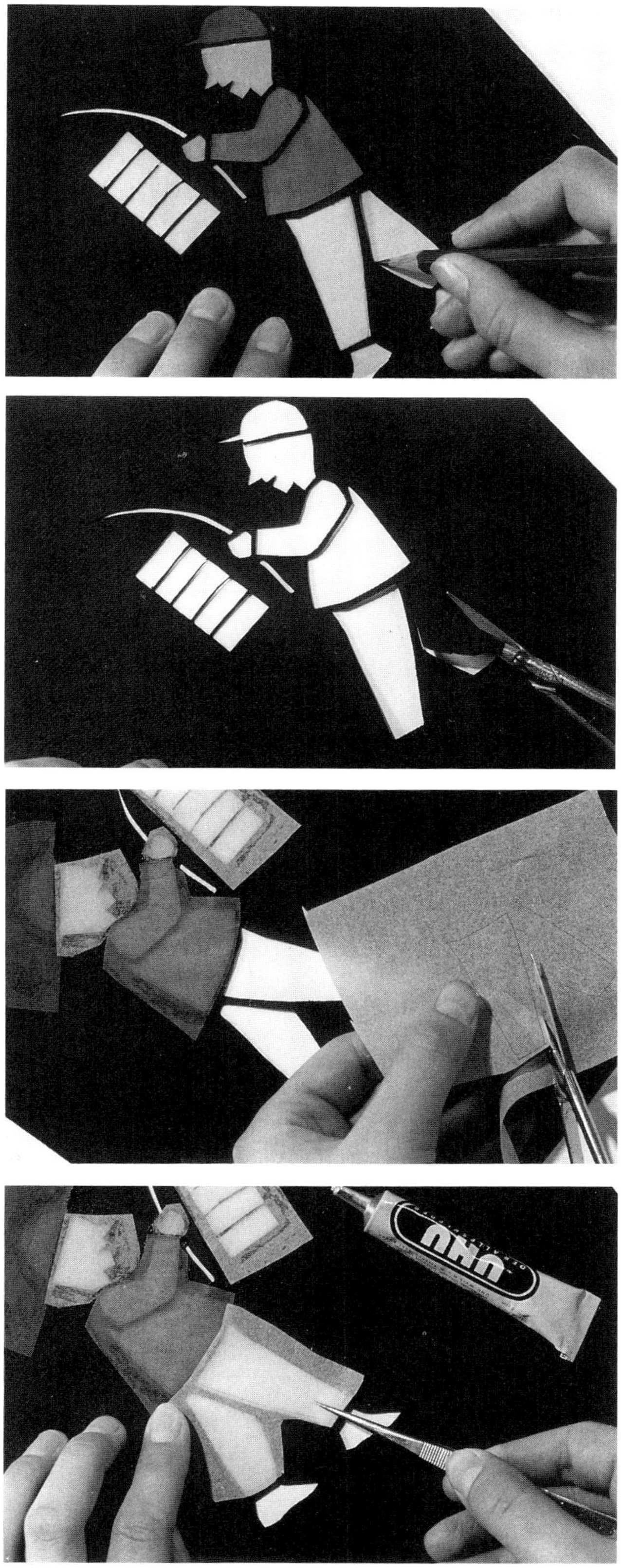

c–f

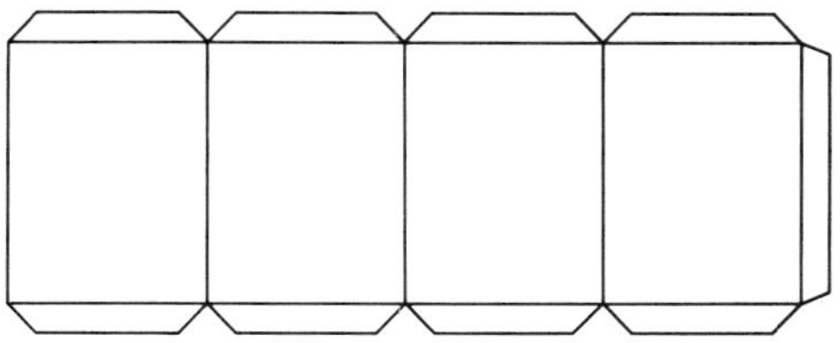

① Mantelzuschnitt für eine Kastenlaterne

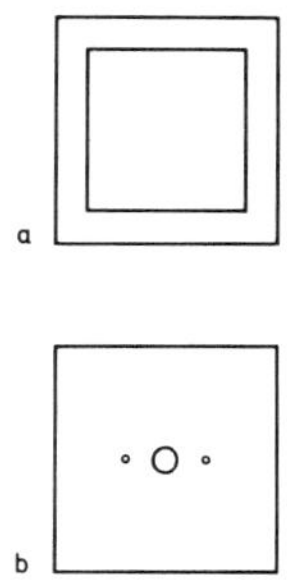

a = oberer Verstärkungsrahmen

b = Boden mit Kerzenbefestigung und Belüftungslöchern

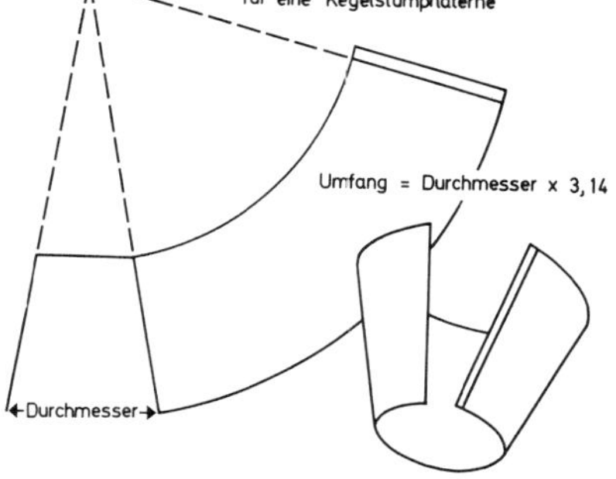

② So berechnet man den Mantel für eine Kegelstumpflaterne

Schöne Fenster-bilder

Alle durchscheinenden Papiere lassen sich verwenden. Mit weißem Schreibpapier bekommt ihr z.B. verschiedene Grautöne. Ein anderes durchscheinendes Papier ist technisches Pauspapier, das in den Zeichenbüros zur Anfertigung technischer Zeichnungen gebraucht wird. Das schönste Papier für unsere Zwecke ist farbiges Pergamin. Ihr bekommt es in den Papiergeschäften in vielen leuchtenden Farbtönen. Kauft es möglichst nicht in Heftchen, sondern in großen Bogen. Pergamin ist billig!

Haltet ein Stück farbiges Pergamin gegen das Licht und prüft seine Farbe und »Transparenz« (siehe Seite 72). Schlagt eine Ecke um und vergleicht den nun doppelt liegenden Teil mit dem einfach liegenden. Welcher Farbton erscheint euch satter? Geben beide nebeneinander nicht einen guten Kontrast, der sich wiederholen läßt? – Nun prüft ihr auch, wie viele Schichten ihr übereinanderbringen könnt, ohne daß das Papier seine Leuchtkraft verliert. Ist die Zahl der Schichtlagen gleich, wenn ihr eine helle und eine dunkle Papierfarbe nehmt?

Aus diesen Vorübungen erwächst die erste Aufgabe. Denkt an eine Blume, einen Stern, irgendein schönes Muster. Versucht zunächst euer Bild nur mit einer Papierfarbe durch Falten und Übereinanderschichten aufzubauen. Zum Kleben genügen winzige Tropfen Alleskleber.

Die Arbeitsweise: Ein Stück Pauspapier oder farbloses (weißes) Pergamin dient als Untergrund. Legt dieses Papier doppelt, damit ihr das Ergebnis in jeder Phase darin gegen das Licht halten und prüfen könnt. Befriedigt es, dann klebt ihr es an wenigen Punkten in diese Doppellage ein.

Festliegende Ausgangsformen (Zuschnitte) bringen eine gewünschte Ordnung in euer Tun. Einmal arbeitet ihr nur mit Streifen, ein anderes Mal mit Dreiecken in verschiedenen Größen. Wechselnde Kontraste erzielt ihr durch Falten. Seht die Abbildungen! Auch die Wirkung unterschiedlicher Farben müßt ihr vorher vor dem Licht prüfen!

Oben: »Die Türme Babylons« – eine Arbeit mit gefalteten Pergaminstreifen. Auch die schöne Kontrastfigur in der Mitte ist durch einfaches Winkelfalten eines langen Streifens entstanden. –
Außen: In einen breiteren Streifen wurden der Länge nach mehrere einfache und eine doppelte Falte eingelegt und mit Klebstoff gefestigt. Sodann wurde der Streifen zum Zickzack gefaltet.
Rechts: Der Stern besteht nur aus gefalteten Rechtecken.
Gegenüberliegende Seite: Der »Hahn« – aufgebaut aus lauter gefalteten, dreieckigen Zuschnitten, die sich nach Farbe, Form und Größe unterscheiden.

Basteln mit Holz

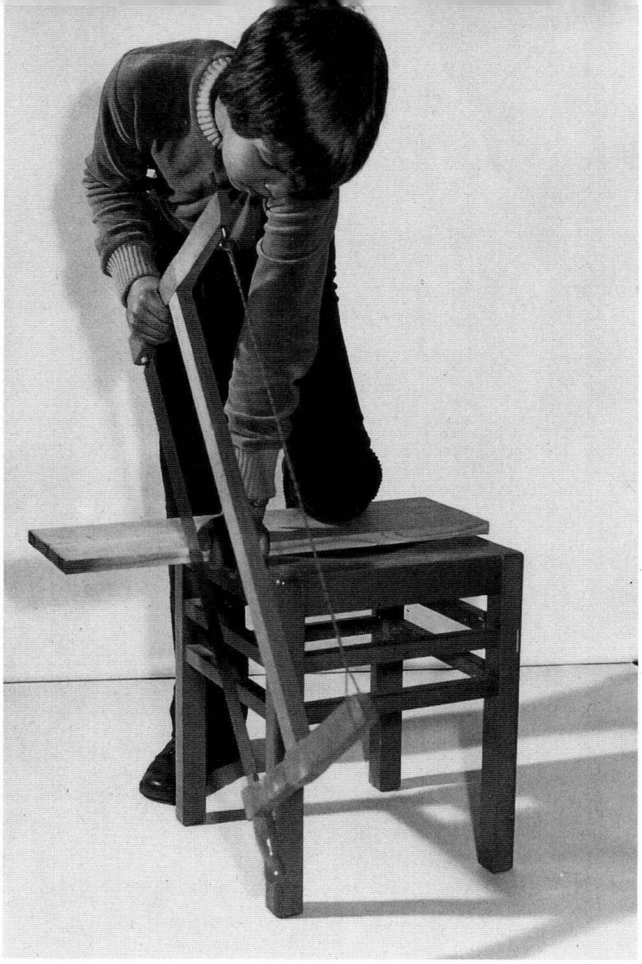

Dazu braucht ihr zunächst – Werkzeug! Sicher hat Vater einiges im Keller. Was fehlt, solltet ihr euch zum Geburtstag wünschen. Das auf diesen Seiten abgebildete Werkzeug solltet ihr unbedingt haben.

Sägen

Schaut euch die Zahnkante einer gebräuchlichen »Einhandsäge« (Fuchsschwanz, Feinsäge, Gestellsäge) genau an. Ihr werdet feststellen, daß alle Zähne nach einer Seite gerichtet sind. Man nennt das »auf Stoß stehen«. Die Zähne der Säge stehen entweder »stark auf Stoß« oder »schwach auf Stoß«. Ihre Vorderkanten sind scharf. Man hält die Säge also immer »in Stoßrichtung« – so, daß die Zahnspitzen bei jedem Schub unter die Holzfaser greifen und diese aufreißen können. – Nur »Zweihandsägen« (Holzfällersägen, Bügelsägen zum Brennholzschneiden) haben senkrecht stehende Zähne (Dreieckzähne, Wolfszähne). Mit diesen Sägen kann man »auf Stoß« und »auf Zug« arbeiten.
Ferner kann die Zahnung einer Säge »grob« oder »fein« sein. Da eine Säge mit groben Zähnen das Holz stark angreift, ist ihr Schnitt entsprechend rauh. Andere Sägen haben eine feine Zahnung. Ihr Schnitt ist entsprechend feiner.

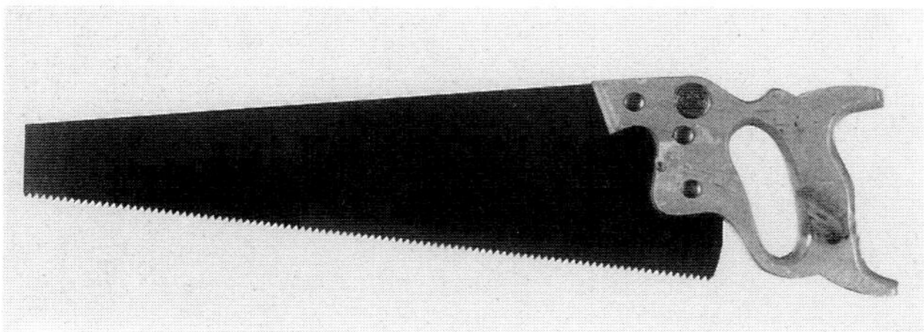

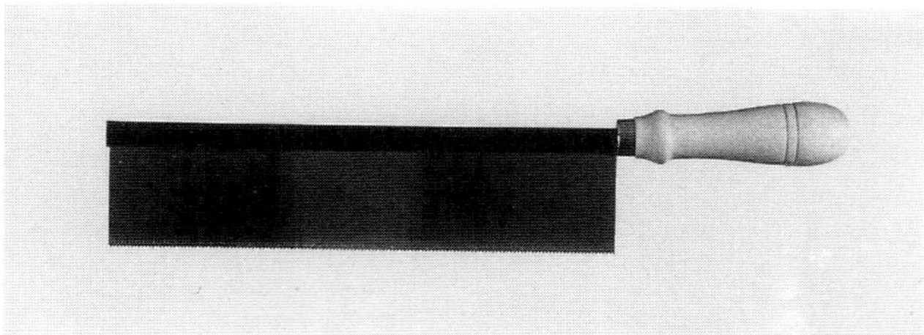

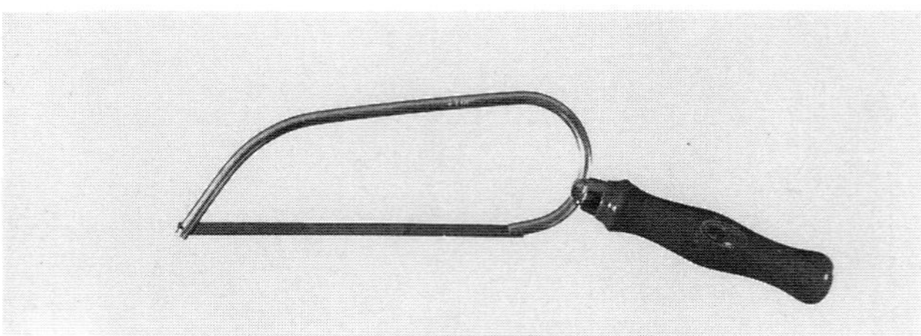

Zu den Abbildungen auf dieser Seite:
Olaf will ein breites Stück Brettholz absetzen. Er macht das mit einer Gestellsäge. Zuvor hat er die Zähne angeschaut. Er hält die Säge so, daß die Zähne in der Stoßrichtung stehen.
Zum Ansägen hält er die Säge etwas nach hinten geneigt. Er setzt sie an der Brettkante an und zieht sie zunächst zu sich her. Damit die Säge nicht seitlich verläuft, legt er den Daumen der linken Hand so, daß das Sägeblatt am Daumen entlanggleitet und damit eine seitliche Führung hat. Nach einigen Schnitten hat das Blatt Spur gefaßt und wird nun durch die Schnittrille geführt. Merkt euch: Nie mit Gewalt sägen! Der Stoß nach vorn wird nur mit mäßigem Druck geschoben.
Darunter: Der Fuchsschwanz, – die Feinsäge, – eine Bastlersäge (auch für Metall und Kunststoff).

Die Schneidelade
Eines der wichtigsten Werkzeuge im Bastelkeller ist die Schneidelade mit der dazugehörigen Feinsäge. Die Wände haben Führungsschlitze, die nach beiden Richtungen in den 45°-Winkeln (schräg) und im 90°-Winkel (geradeaus) liegen. Mit einer solchen Schneidelade könnt ihr Holzleisten und Rundholzstäbe rechtwinkelig absägen.
Weil die Feinsäge mit ihrer verstärkten Rückenkante über den Führungsschlitzen hängenbleibt und den Boden der Schneidelade nicht ganz erreicht, wird zunächst ein Stück Abfallholz in die Schneidelade eingelegt. Darauf kommt das Werkholz. Da auch eine Feinsäge »auf Stoß« arbeitet und dabei das Werkholz ständig mit nach hinten reißt, ist es sinnvoll, dieses samt der Einlage gleich an die hintere Innenwand der Schneidelade anzuschlagen. Die Feinsäge wird von den Führungsschlitzen in den Wänden geleitet.

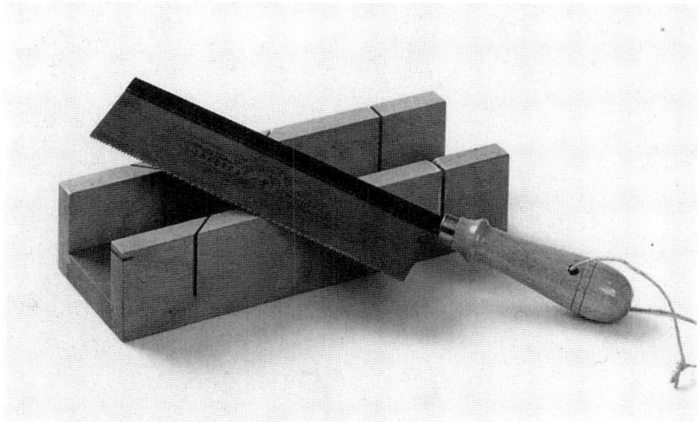

Eine Handbohrmaschine
Eine kleine Handbohrmaschine sollte jeder Bastler haben. Sie leistet auch beim Drahtdrillen (siehe S. 121) gute Dienste. Es genügt, wenn man in das Bohrfutter Holzspiralbohrer bis 8 mm Dicke einsetzen kann.

Klemmwerkzeuge
Oft muß man das Werkstück auf die Werktischplatte aufspannen. Am einfachsten und schnellsten geht das mit Klemmzwingen. Diese haben mit Kork belegte Druckflächen. Der Spannhebel ist um einen Haltestift beweglich gelagert. Zuerst werden bei niedergedrücktem Hebel die beiden Spannarme an das Werkholz herangeschoben. Zum Spannen wird der Hebel aufgerichtet. Mit drei oder vier solchen Klemmzwingen könnt ihr jedes Spannproblem lösen!
Beim Einspannen in einen Schraubstock liegt das Werkstück schließlich so fest, daß es auch bei härtester Arbeit nicht mehr aus seiner Lage gerissen werden kann. Zum Einspannen von Holzteilen solltet ihr nur einen Schraubstock mit Holzbacken nehmen. Metallschraubstöcke verursachen Beschädigungen durch die harten Backenkanten.

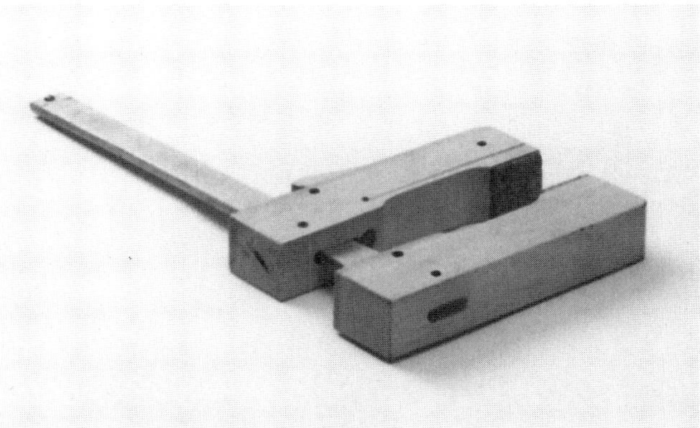

Rechts: Schneidelade mit Feinsäge, – eine kleine Handbohrmaschine, – Klemmzwinge und Schraubstock mit auswechselbaren Holzbacken.

Braucht ihr denn keine Vogelscheuche?

Natürlich, wenn einmal ein schöner sonniger Tag ist und die Spatzen immer wieder die frisch gesäte Petersilie herauswühlen, – dann braucht ihr eine!
Mit einem Haufen Lumpen ist es nicht getan. In den Garten gehört ein heiteres Farbenspiel, – leuchtendes Rot vor die vielen grünen Blätter, Gelb zum blauen Rittersporn, Grün ins Rosenbeet. Und alles muß ein menschliches Aussehen haben, denn nur vor unsereinem fliegen die Spatzen weg. – Aber dann sollte die Vogelscheuche auch nicht schöner aussehen als wir selbst es sind. Nicht, daß wir uns fortan schämen müßten, – und das im eigenen Garten! Da wird also schon ein bißchen »Kunst« verlangt, gerade das richtige für euch, – Vati kann so etwas doch nicht!

Wir denken also im Ernst, daß ihr einmal eine schöne Vogelscheuche basteln sollt und dabei (vielleicht) erstmalig mit Säge und Hammer umgehen dürft. Mit Pinsel und Farbe außerdem. Dabei könnt ihr gut ausprobieren, wie man eine Säge in die Hand nimmt, ob diese »auf Stoß« oder »auf Zug« schneidet, – ob, wann und wie man sich auf den Daumen klopft, – ob man einen Nagel gerade oder krumm, senkrecht oder schief in das Holz hineinbekommt, – wann die dünne Leiste springt, und in welcher Dicke die Farbe vom Pinsel tropft. Jedes andere Werkstück würde dabei verdorben. Einer Vogelscheuche schadet alles nicht!
Los gehts! – Besorgt euch ein möglichst breites Stück Brettholz, es kann auch ein Stück Spanplatte oder Tischlerplatte sein. Darauf wird mit Bleistift das Gesicht vorgezeichnet: Schönes Eirund, möglichst groß (»naturgetreu»!). Denkt an das große Gesicht eines erwachsenen Menschen (für euch heißt das wohl »überlebensgroß«). Seht euch dazu die Abbildungen auf der gegenüberliegenden Seite oben an!
Dann wird das Holz irgendwo senkrecht eingespannt, und nun könnt ihr mit einem Fuchsschwanz (siehe Seite 76) die Gesichtsform im Umriß aussägen. Erste Erfahrung: Die Säge macht nur gerade Schnitte. Seht ihr wohl! Wenn ihr aber die Säge immer wieder neu ansetzt und durch immer neue schräge Schnitte an der Vorzeichnung vorbeischneidet, bekommt ihr das Gesicht schließlich doch heraus. Es macht nichts, wenn die Säge auch ein-

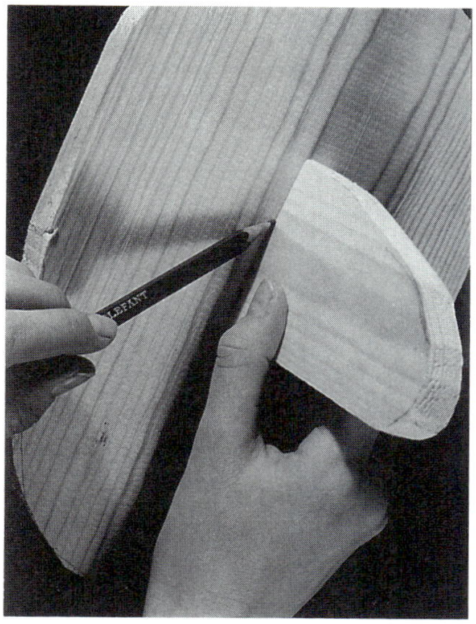

mal in die Gesichtsfläche hineinfährt. Ihr müßt sie nur wieder herausbekommen! Kleine Fehler können auch später durch die Bekleidung wieder verdeckt werden. Im übrigen deckt die Farbe nachher so manches wieder liebevoll zu. – Die Nase entsteht aus einem Stück Abfallholz. Sie wird einfach in das Gesicht hineingeleimt oder von hinten angenagelt. Der Rückenstock (möglichst lang, damit er auch noch in die Erde eingerammt werden kann, ohne daß dadurch die Vogelscheuche zum Liliputaner wird) muß rückseitig angeschlagen und durch mehrere Nägel gesichert werden. Ihr merkt es selbst: 1 Nagel wirkt wie eine Achse, um die sich alles noch drehen läßt. Erst mit 2 oder 3 Nägeln sitzt der Kopf fest. Ihr könnt dem Rückenstock in Schulterhöhe auch noch einen kürzeren Querstock anschlagen, womit die Figur »Arme« bekommt. Anstrich: Plakatfarbe.

»Wenn man's kann, ist es keine Kunst.
Wenn man's nicht kann, ist es erst recht keine!«
– sagt Karl Valentin.

Mit der Laubsäge

Sicher laßt auch ihr euch gelegentlich zu Weihnachten einmal eine Laubsäge schenken. Und sicher liegt das schöne Werkzeug auch bei euch nach anfänglichen Schneideversuchen bald nur noch ungenutzt auf dem Bord. Die Frage ist, ob ihr mit der Laubsäge richtig umzugehen versteht. Holt sie doch einmal her! Wir wollen sie gemeinsam betrachten und ausprobieren!

Die Laubsägegarnitur besteht aus dem Laubsägebogen, dem Laubsägebrettchen aus hartem Buchenholz und der metallenen Zwinge, mit der das Brettchen an die Tischkante angeklemmt werden kann. Wie man das macht, erkennt ihr, wenn ihr Brettchen und Zwinge miteinander betrachtet. Das Brettchen hat an einem Ende einen knopflochartigen Ausschnitt. Diese Seite dient als Auflage für das Werkstück (in dem Ausschnitt kann sich das Sägeblatt ungehindert auf und ab bewegen). Das andere Ende des Brettchens hat ebenfalls ein rundes Loch, das aber mit einer rinnenförmigen Vertiefung verbunden ist. Steckt ihr nun den Bügel der metallenen Zwinge von hinten durch dieses Loch, so kann der Bügel mit der Oberfläche des Brettchens gleich hoch abschließend in der Rinne liegen. Die Zwinge ist dabei nach hinten gerichtet – zum Anklemmen an die freie Tischkante. Die Handschraube fest anziehen.

In den Laubsägebogen muß nun ein Laubsägeblatt eingesetzt werden. Es gibt verschiedene Laubsägeblätter für Holz und Metall mit unterschiedlicher Zahnung. Kleine, dichtstehende Zähne geben einen feinen Schnitt. Verständlicherweise können sie aber nur wenig Holz abtragen, die Arbeit geht nur langsam voran, was ungeduldige Leute zu immer stärkerem Drücken veranlaßt, – bis das Sägeblatt reißt und der Spaß zu Ende ist. Praktischer sind die sogenannten Blitzsägen mit weit auseinanderstehenden »Haifischzähnen«. Man kauft solche Blätter in Dutzendpackungen in der Werkzeughandlung. Das Sägeblatt wird durch den Bogen in Spannung gehalten. Die Zahnspitzen müssen nach unten weisen. Das ist wichtig! Beim Einspannen drückt man den kleinen Gummischutz am vorderen Bogenende gegen die Tischkante. Die Bogenenden nähern sich einander und können beim Zurückfedern das Sägeblatt spannen. Die zahnlosen Blattenden werden zwischen die metallenen Klemmplatten gesteckt. Flügelmuttern immer nur mit der Hand anziehen! Hinterher prüfen, ob die Zahnrichtung stimmt! Bevor ihr euch nun an die Arbeit macht, solltet ihr noch einen Blick auf den Arbeitsplatz werfen. Wo gesägt wird, fallen Späne, die man z.B. aus dem Teppichboden nur schwer herausbekommt. Auf den Fußbodenplatten in der Küche läßt sich der feine Sägestaub leicht zusammenfegen. – Die zweite Frage gilt der Arbeitshöhe. Meist ist der Stuhl zu hoch oder der Tisch zu niedrig, wodurch die sägende Hand zu hackenden Bewegungen verführt wird. Man kann nur dann senkrecht sägen, wenn sich das Werkstück in Brust- oder Schulterhöhe befindet.

Beim Arbeiten mit der Laubsäge ist zu beachten, daß der Bogen waagerecht und in gleicher Richtung wie der sägende Unterarm gehalten wird. Seht dazu die Abbildung auf der gegenüberliegenden Seite! – Bedenkt, daß ihr mit dem Bogen wohl leicht die Richtung ändern könnt, daß aber das im Holz sitzende Sägeblatt die Wendung nicht so schnell mitmachen kann. Es kann nur senkrecht arbeiten und soll wie in einem Fahrstuhl gleichmäßig auf und ab gehen. Haltet ihr die Säge plötzlich schief, so verklemmt sich das Blatt im Holz und bricht. Ebenso ist zu beachten, daß das Blatt nur in der Vorwärtsrichtung sägen kann. Wollt ihr eine Kurve schneiden, dann wird nicht die Säge, sondern das Werkstück über der Auflage langsam (!) in die gewünschte Richtung gedreht.

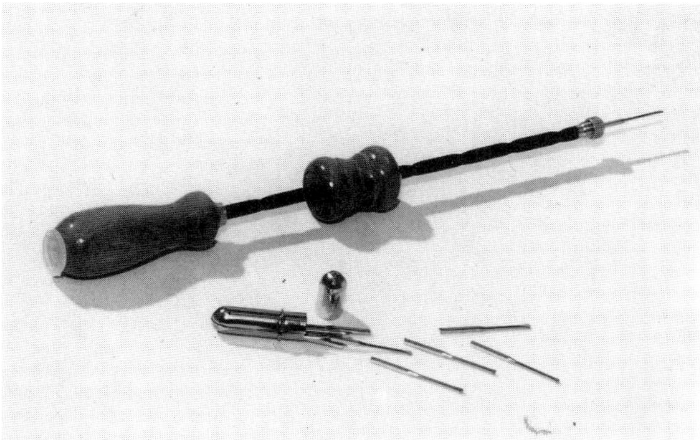

Die Laubsägeausrüstung besteht aus einem Laubsägebogen, dem Brett mit Zwinge und einem Vorrat an Laubsägeblättern. – Den Drillbohrer braucht ihr für die Innenschnitte.

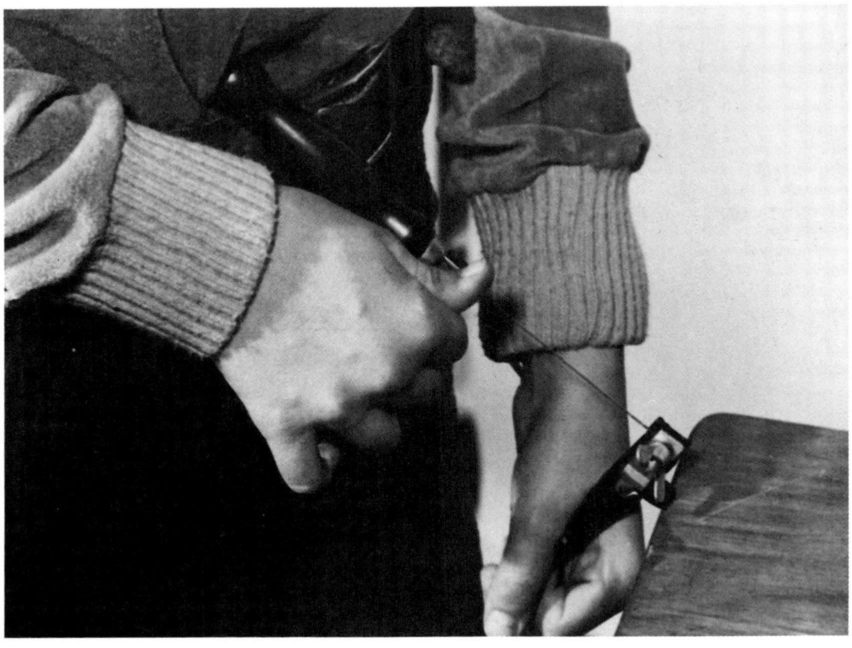

Beim Einsetzen des Sägeblattes müssen die Enden des Bogens zusammengedrückt werden. Erst das Sägeblatt in das obere Bügelende einsetzen. Zahnrichtung nach unten! Dann den Gummischutz gegen die Tischkante pressen. Körperdruck gegen das Griffende! Beim so »ent«spannten Bogen das untere Blattende zwischen die Klemmplatten legen und die Flügelmutter mit der Hand fest anziehen. Bogen zurückfedern lassen, – fertig!

Der schöne Hampelmann

Eine Laubsäge habt ihr ja nun! Jetzt wollt ihr sie auch einmal ausprobieren. Was machen wir? – Am besten einen schönen Hampelmann. Von einer solchen Arbeit haben dann gleich zwei Leute etwas, – einmal ihr, die ihr euch die Figur ausdenken und sie herstellen müßt, – und die beiden Kleineren, Peter und Susanne, denen ihr das Spielzeug hinterher schenkt. Selbstverständlich mit Funktionsgarantie! Hampelmänner (allerdings aus dickem Karton) können schon vom 2. Schuljahr an gebastelt werden, wofür die nebenstehende Abbildung den Beweis liefert.

Ihr braucht dazu 5 mm dickes Sperrholz, feines Sandpapier (Körnung 150), genügend lange Musterbeutelklammern, Bindfaden, Plakatfarben, eventuell Klarlack und Alleskleber zum Ankleben einer Aufhängung. Am besten stellt ihr euch zunächst eine Kartonschablone her, in der ihr die Umrisse der einzelnen Teile und den Ziehfadenmechanismus festlegen und ausprobieren

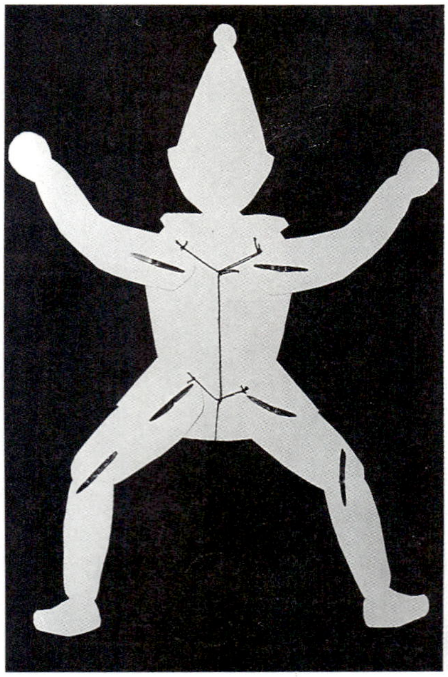

Einen solchen »Schnittmuster«-Hampelmann aus dickem Zeichenpapier solltet ihr euch auf alle Fälle zuvor anfertigen. Die linke Abbildung zeigt die sieben Teile vor dem Zusammenbau. Sabine hat sie allerdings auch angemalt, weil sie die Teile zum Wegwerfen zu schade fand. Rechts seht ihr die mit Musterbeutelklammern zusammengesetzte Figur von hinten. Funktionieren muß alles!

könnt. Seht euch dazu die beiden Abbildungen auf der gegenüberliegenden Seite unten an! Kopf und Rumpf sind ein Stück. Arme und Beinteile werden einzeln zugeschnitten. Am besten zeichnet ihr auch die rückseitigen Verlängerungen der Glieder samt den Achslöchern und den Löchern für die Befestigung der Ziehfäden mit in die Figur hinein, dann kann es euch nicht passieren, daß Arme und Beine zu kurz werden. Die Teile könnt ihr dann wie ein Schnittmuster leicht durch Umfahren mit dem Bleistift auf das Sperrholz übertragen. Vor dem Ausschneiden der Umrisse mit der Laubsäge solltet ihr noch einmal das vorhergehende Kapitel durchlesen. Die ausgeschnittenen Teile werden mit Sandpapier »geputzt«, – dabei aber bitte nicht die Kanten rund schleifen, es sollen nur die Sägegrate entfernt werden!

Nach dem Putzen werden die Teile farbig gestrichen. Wenn ihr alle Flächen – auch die Schnittränder! – zunächst mit weißer Farbe vorstreicht, leuchten die darübergesetzten Farben schöner. Selbstverständlich müßt ihr aber den Voranstrich erst einmal gründlich trocknen lassen. Plakatfarben gibt es in vielen leuchtenden Farbtönen. Sie trocknen matt auf, sind aber schmutzempfindlich. Daher empfiehlt sich ein Überstreichen mit farblosem Lack.

Bohren der Löcher und Zusammenbau: siehe die Abbildungen.

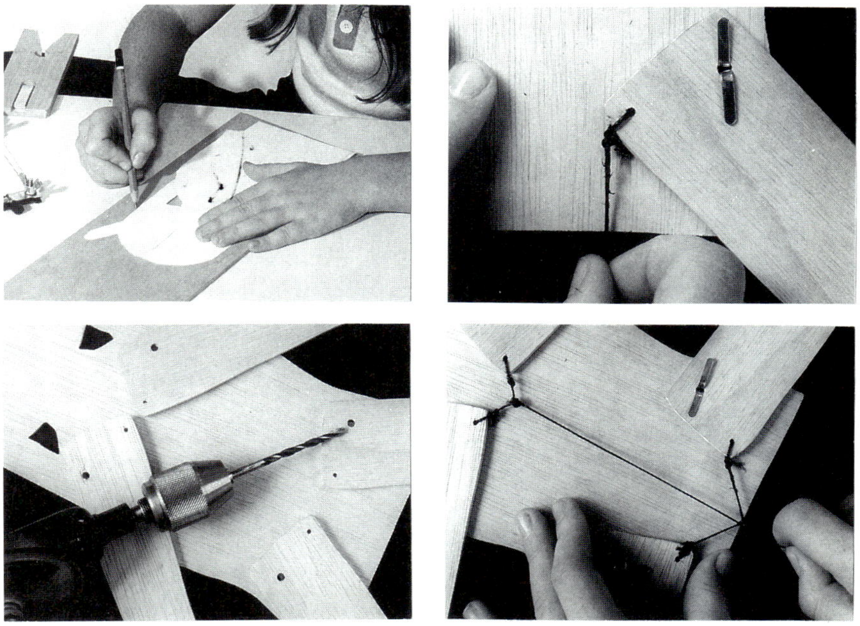

Oben: Umzeichnen des Schnittmusters über dem Sperrholz. – Bohren der Löcher für die Musterbeutelklammern und Zugfäden. Große und kleine Löcher müssen ausreichend weit auseinanderliegen. – Hebelwirkung! – Der fertige Zugmechanismus.

Rechts: Zwei Arbeiten aus einem 4. Schuljahr.

Ein Doppelbett für Bettina und Ulrike

Endlich eine Gelegenheit, mit Schneidelade und Feinsäge umzugehen! Anfänger leimen »stumpf«. Fortgeschrittene können auch dübeln. Paßt auf, daß euch Vater die schöne Arbeit nicht aus der Hand nimmt, denn es wird Zeit, daß die Kinder ins Bett kommen!

Ihr braucht dazu:
4 Leistenzuschnitte 15x15x270 mm als Bettpfosten,
4 Leistenzuschnitte 10x50x330 mm als Langseiten,
4 Leistenzuschnitte 10x50x150 mm als Kurzseiten,
4 Leistenzuschnitte 10x 8x330 mm als Auflagen für die Böden,
2 Hartfaserplatten 155x330 mm als Bettböden,
Dübelholz, 3 mm dick, Weißleim, Sandpapier (Körnung 180).

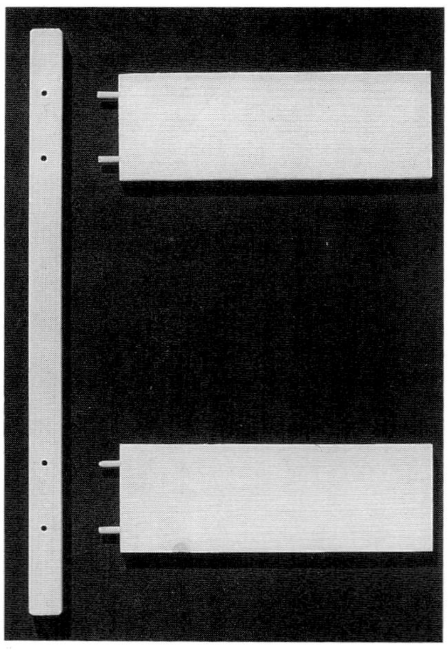

»Stumpfes Verleimen« ist am einfachsten. Dabei werden die dünn mit Leim bestrichenen Klebeflächen Holz gegen Holz aneinandergesetzt. – Zum zusätzlichen Dübeln müssen gegenüberstehende Löcher gebohrt werden. Lochdurchmesser gleich Dübelholzdicke! Die beiden Abbildungen zeigen den Zusammenbau.

Leistenholz in den angegebenen Querschnitten bekommt ihr dort, wo auch die Heimwerker einkaufen. Ablängen müßt ihr die Teile selbst.

Wie macht's der Tischler?

Erst wird gemessen und zugeschnitten,
dann wird geputzt (geschliffen),
dann wird zusammengesetzt (geleimt).

Ihr macht es ebenso, wobei ihr euch beim Zuschneiden der Schneidelade und Feinsäge bedient. Beim Schleifen schiebt ihr das Holz solange auf einem flachliegenden Stück Sandpapier hin und her, bis alle Seiten sauber und glatt sind. Auch die Kanten könnt ihr ein wenig schräg schleifen.

Nun überlegt, wie die Teile zusammengehören: Erst baut ihr die beiden kurzen Leitern zusammen, dann setzt ihr die langen Teile dazwischen. Leim dünn auf beide Klebeflächen auftragen. Ruhen lassen, bis er hart geworden ist.

Einfaches Leimen genügt. Wenn ihr aber dübeln wollt, müssen zuvor übereinstimmende Löcher gebohrt werden. Die Bohrmitten findet ihr so: Kleine Nägelchen bis zur Hälfte in eine Holzseite einschlagen, die Köpfe mit der Zange abzwicken, die überstehenden Nagelenden in das Gegenholz eindrücken. Dann die Nägel wieder herausziehen – und bohren. Guckt euch die Abbildungen an. Vater hilft dabei!

Nach dem Zusammenbau: Einlassen mit Einlaßgrund und Streichen mit farblosem Lack.

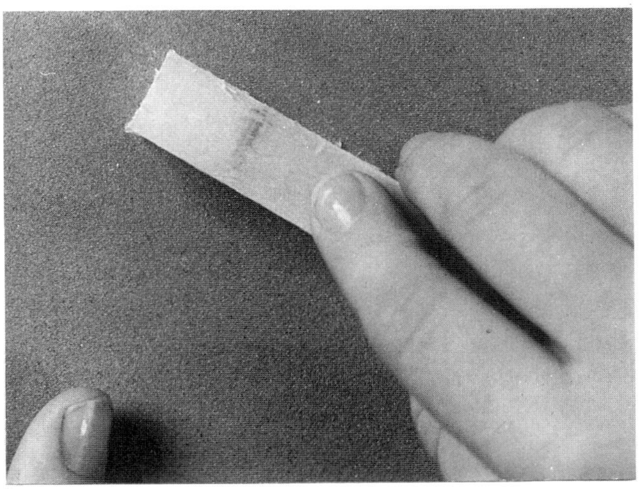

Oben: Zunächst ein Stück Abfallholz in die Schneidelade einlegen. Darauf die Leiste. Beides hinten anschlagen. Schleifen über Sandpapier! Links: Das fertige Bettgestell.

Wie ein Bildhauer!

Vielleicht habt ihr schon einmal etwas aus Holz zu schnitzen versucht, – eine Figur, einen Pfeil für den Flitzbogen, ein Schiffchen. Vermutlich habt ihr dazu euer Taschenmesser genommen. Das Taschenmesser eignet sich sehr gut zum Schnitzen, wenn ihr nichts Großformiges vorhabt. Holzklötze, Blöcke, Stammabschnitte lassen sich damit nicht mehr bearbeiten. Die müssen, wie das schon in dem Wort »Bildhauer« zum Ausdruck kommt, behauen werden.

Aber nur langsam! So schnell schlagen wir nun auch wieder nicht drein, daß gleich die Späne fliegen. Hier ist das Holz, – und hier ist eure Idee, die Vorstellung von dem, was ihr vorhabt. Da bringen euch oft ein paar Schnitte mit dem Fuchsschwanz besser voran. Zwei Schnitte, – das dazwischenliegende Holz kann dann mit einem »Stecheisen« herausgestochen werden. Es gibt auch gekrümmte und rinnenförmige (hohle) Stecheisen für sogenannte Hohlschnitte (Höhlungen). Alle Eisen stechen gut, solange sie scharf sind. Eisen müssen gut geschliffen werden, – was Vater auf der Schleifscheibe erledigt.

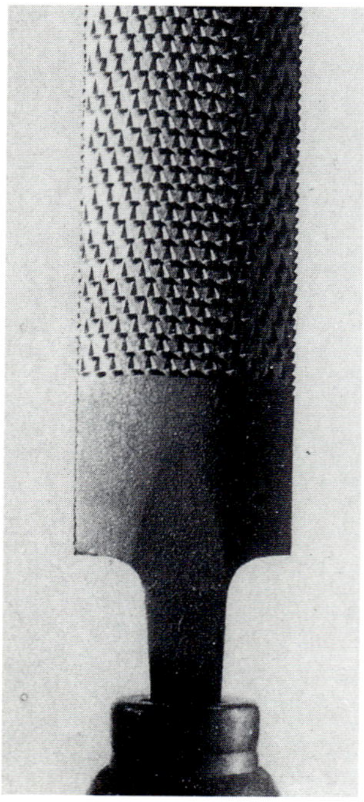

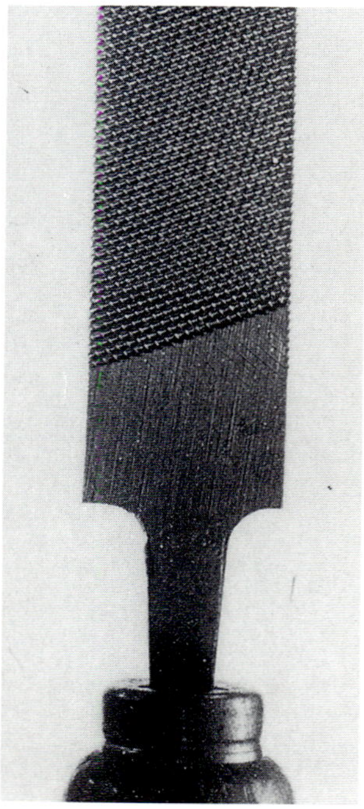

Links: Die Raspel hat Zähne. Diese dringen in die Holzoberfläche ein, reißen sie auf und trennen Späne ab. Die Feile hat schräg verlaufende Schneidekanten. Sie »schlichtet«. Beide Werkzeuge müssen mit der Feilenbürste gereinigt werden.

Unten: Stecheisen werden mit der Hand gedrückt, nur bei groben Arbeiten geschlagen.

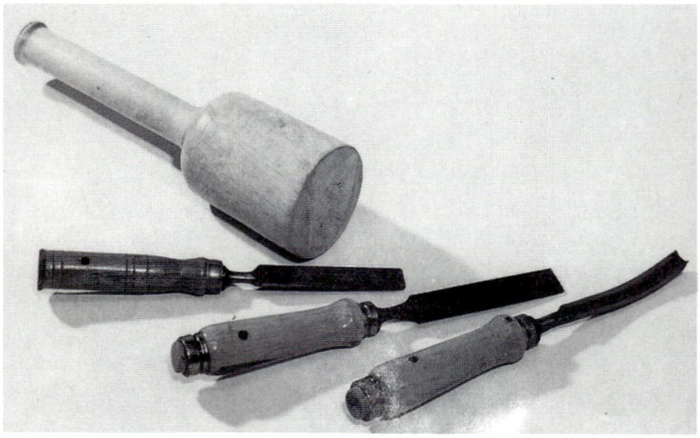

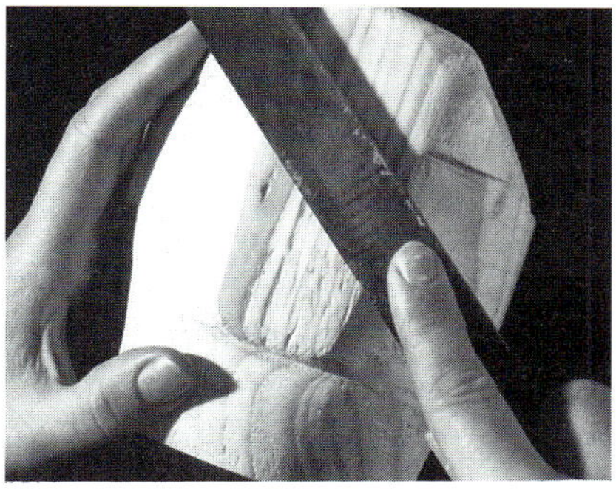

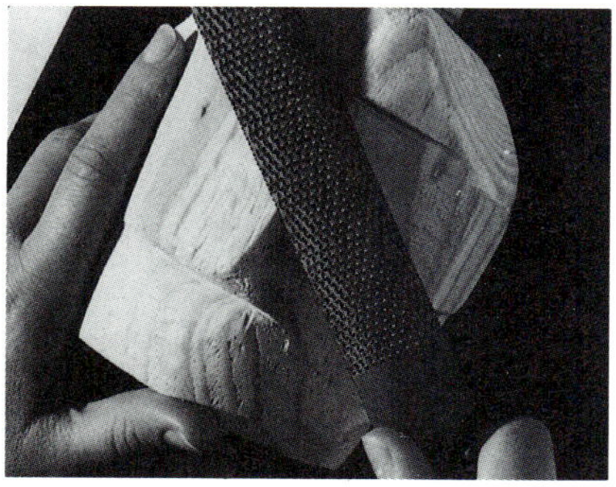

Soll eine Holzkante außen gerundet werden, dann nehmt ihr am besten eine Raspel. Die Raspel hat keilförmige Zähne, die das Holz schnell aufreißen und abtragen. Die rauhen Spuren müßt ihr hinterher mit einer Feile »schlichten«. Glatte Oberflächen bekommt ihr zuletzt mit Sandpapier.
Die auf diesen beiden Seiten abgebildeten Stücke sind mit diesen Werkzeugen – Säge, Stech- und Hohleisen, Raspel, Feile, Sandpapier – bearbeitet worden. Sicher fällt euch etwas anderes ein, ein Schiffsrumpf zum Beispiel oder eine Phantasieform, von der ihr euch denken könnt, daß sie gut durchs Wasser flitzen kann, – glatte Griffleisten für ein Stelzenpaar oder etwas ganz anderes. Besorgt euch ein Stück Holz! Probiert es!

Oben: Arbeiten in der Reihenfolge Raspel – Feile – Sandpapier. Gegenüberliegende Seite und unten: Bildhauerische Versuche in Kiefernholz.

Thema: Fahrbarmachen

Das Thema ist schon 5000 Jahre alt, – seit die Menschheit das Rad erfunden hat und die Notwendigkeit besteht, schwere Gegenstände leicht oder schnell fortzubewegen. Es muß immer wieder neu erfahren werden. Radscheiben reibungsarm lagern ist eine Grundtechnik, die jeder Bastler beherrschen muß, ganz gleich, was er später damit anfängt!

Im Grunde kann man alles fahrbar machen, – Kisten, Kasten, Stühle, Tische, Betten, Häuser. Beschränken wir uns auf einen rechteckigen Brettzuschnitt, wie er in den Abbildungen zu sehen ist.
Die Aufgabe verlangt, dieses Brett auf die beste Weise »fahrbar« zu machen. Es soll eine schräge Ablauframpe (den »Prüfstand«) nicht nur mal eben so hinunterkriechen, sondern gleich durch das halbe Wohnzimmer rollen und dabei »Spur halten«, – geradeaus fahren.

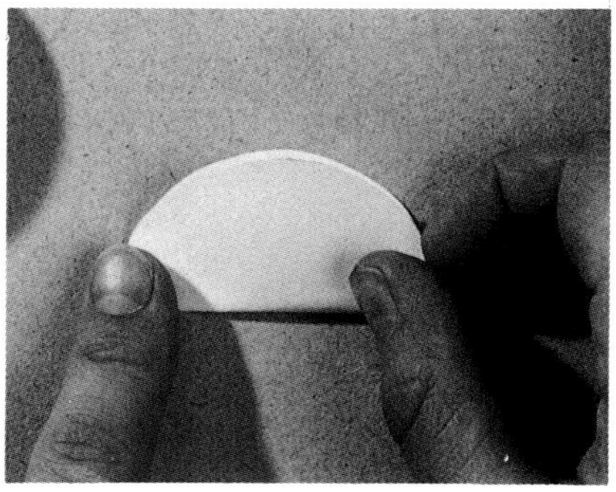

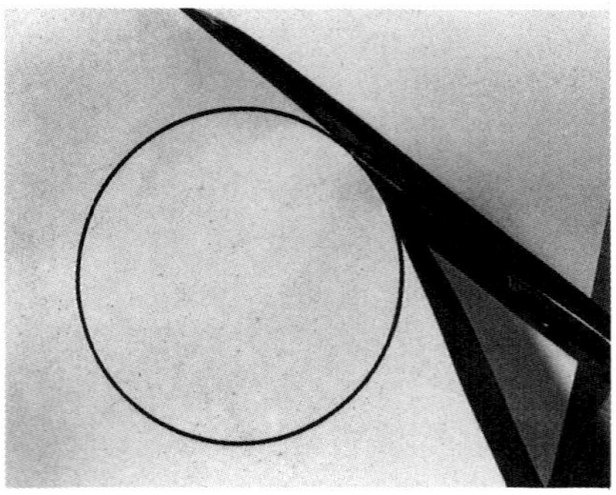

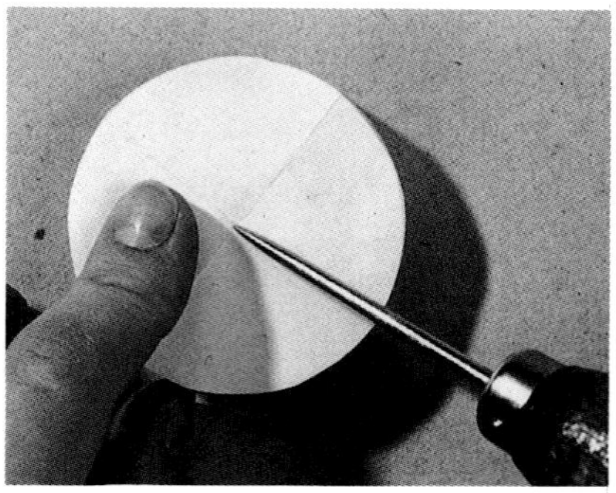

Links: Wie findet man die Mitte einer Querholzscheibe? – Maren und Mathias haben sich einen Trick ausgedacht. Sie legen die Scheibe auf ein Stück Papier und umfahren sie mit dem spitzen Bleistift. Dann schneiden sie den Papierkreis aus und falten die Fläche kreuzweise (einmal in der einen und einmal in der anderen Richtung) genau Rand auf Rand übereinander. Der Mittelpunkt ergibt sich durch dieses Falten. Die Papierscheibe wird nun randgenau auf das Querholz aufgelegt und mit einem spitzen Gegenstand in der Mitte durchstochen.

Das Rollen kann durch eine ungeschickte Befestigung der Räder gebremst werden. Es gibt viele Fehlermöglichkeiten, für die ihr Erklärungen suchen und finden könnt. Auch auf dem Teppichboden im Wohnzimmer rollen die Räder schlecht. Auf Holzfußboden oder auf dem Plattenbelag in der Küche geht es am besten.

Verschiedene Achsen
Die Technik kennt zwei Lösungen der Aufgabe, Achsen an ein Fahrzeug anzubringen:

a) »Feste Achsen«, – das sind Achsen, die mit dem Fahrgestell (in unserem Falle mit der Holzplatte) fest verbunden sind. Anwendung: Pferdewagen, Handkarre, Kinderwagen. In unserem Falle kann eine bis zum Hals in das Brett eingedrehte Holzschraube zur festen Achse werden. Nehmt »Rundkopfschrauben« (mit flacher Kopfunterseite)! Der Schraubenkopf begrenzt die Achse nach außen, so daß die Radscheibe beim Fahren nicht ablaufen kann. Seht dazu die Abbildungen rechts, oben und in der Mitte!

b) »Bewegliche Achsen«, – das sind sich in den Achslagern (Achsgabeln) am Fahrgestell drehende Wellen, an deren Enden die Räder fest sitzen. Man nennt diese mit den Rädern fest verbundenen Wellen auch »Radsätze». Anwendung: Eisenbahnwagen. – Die Abbildung rechts unten zeigt die Montage solcher Achsen im Holzmodell.
Als »Buchse« bezeichnet man eine rohrförmige Auskleidung im Lager, die der Laufverbesserung dient.

Als Räder nehmen wir Querholzscheiben
Die Räder der in den Abbildungen vorgestellten Fahrzeuge wurden nicht mit der Laubsäge ausgeschnitten, sondern eingekauft. Es sind Querholzscheiben. Der Tischler nimmt sie zum Ausbessern schadhafter Stellen im Brettholz. Querholzscheiben bekommt man schachtelweise (je 1 kg) in Werkzeuggeschäften oder Baumärkten. Sie sind in der Regel aus Kiefernholz, kreisrund geschnitten, 10 mm hoch und in Durchmessern 50, 40, 35, 30, 25, 20 und 15 mm erhältlich.

Kunststück: Die Mitte finden!
Ein erstes Problem liegt nun darin, auf diesen Scheiben die genaue Mitte zu finden. Unbedarfte Leute bedienen sich dabei ihres Augenmaßes, das zweifellos auch ein

Die Aufbauten dieser Fahrzeuge wurden aus verschiedenen Leistenabschnitten zusammengesetzt. Quadratleisten und Rechteckleisten in verschiedenen Querschnitten und Längen kauft man am besten mit den Querholzscheiben zusammen ein. – Schneidelade, Feinsäge, Sandpapier. Als Verbindungsmittel dient Weißleim. Die Rollspielzeuge (Autos, Eisenbahn) haben jeweils das gleiche Fahrgestell. Der Segelwagen rechts oben ist ein schönes Windspielzeug zum Draußenspielen an einem windigen Tag.

»Maß« ist, aber durch seine Ungenauigkeit dazu führt, daß die Räder eiern. Könnt ihr messen? – Maren und Mathias haben sich einen Trick ausgedacht, den euch die Abbildungen auf Seite 88 verraten.

Reibungsarm lagern – und was es dabei zu erfahren gibt!

Schlagt ihr nun einen Nagel (als mögliche Achse) durch die Radscheibe, so spaltet diese. Bestenfalls dreht sich das Rad nur schwer, weil die Reibung im Lager zu groß ist. Es muß also gebohrt werden. Schief oder senk-

Links: Dortje hat die Lager im Holz mit engen Kupferrohrabschnitten (aus Vaters Bastelkiste) »ausgebuchst«. Als bewegliche Achse dient ihm ein entsprechend dickes Stück Elektroschweißdraht (in Meterlängen aus der Werkzeughandlung). Er sagt dazu: »Metall in Metall gibt glatten Lauf!« – Bei gleichweiter Bohrung sitzen die Radscheiben auf der Achswelle fest!
Darunter: Um Reibung durch ein mögliches Anlaufen der Räder an das Fahrgestellholz zu verhindern, hat Dortje kleine Schraubenmuttern und andere Beilagen »dazwischengelegt«.

recht? – Am besten spannt ihr die Scheibe irgendwo ein (vielleicht mit einer Klemmzwinge über einem Stück Abfallholz). Spiralbohrer gibt es in verschiedenen Dicken. Klugerweise stellt ihr zunächst fest, wie dick die zur Befestigung der Räder gedachten Holzschrauben sind. Die Bohrung in der Radscheibe sollte einen halben Millimeter größer sein. Der kleine Unterschied gibt dem Lager das richtige »Spiel« (geringe Lagerreibung, aber das Rad »flattert« auch noch nicht).
Selbstverständlich muß auch das Einsetzloch für die Schraube im Gestellholz des Wagens vorgebohrt werden, und zwar mit einem dünneren Bohrer, damit sich das Schraubengewinde auch noch in das Holz einziehen kann.
Dagegen, daß die Radscheiben an der Gestellfläche des Fahrzeugs reiben, helfen nur Beilegescheiben. Und natürlich müßt ihr darauf achten, daß alle vier Räder in gleicher Höhe angebracht werden. Alle Holzteile, auch die Flächen der rohen Querholzscheiben, sind – wie bereits gelernt – vor der Montage über einem flachliegenden Stück Schleifpapier zu putzen!
Fertig? – Ab damit auf den Prüfstand! Jetzt stellt ihr fest, welches Fahrzeug weiter rollt. Der Sieger soll dann aber nicht gleich nach einem Orden schreien, sondern mit dem Freund gemeinsam erkunden, warum das andere Fahrzeug nicht ebenso gut fährt.

Eine Lenkung!

Eisenbahnwagen aus Holz mit drehbaren Rädern versehen, Radscheiben reibungsarm lagern und deren Rollfähigkeit prüfen, na ja – aber die Sache auch noch lenkbar machen, haha! Die alten Modelle könnt ihr dazu nicht verwenden. Am besten probiert ihr es mit einem Fahrgestell. Olaf hat sich mit seiner Seilzuglenkung etwas Besonderes einfallen lassen!

Die Drehschemellenkung

Die einfachste Art, ein Fahrzeug lenkbar zu machen, ist die Drehschemellenkung. Sie wird an sehr einfachen Fahrzeugen (Handkarren, Pferdewagen, Kraftfahrzeuganhängern) angewendet.

Wie die Bilder auf der linken Seite zeigen, könnt ihr diese einfache Lenkung mit einem Drehbalken als Vorderachse konstruieren. Auf diesem Drehbalken sitzt der Fahrzeugrahmen wie auf einem Schemel auf. Der Drehbalken ist um den sogenannten Drehzapfen drehbar. Deshalb sagt man dazu Drehschemel. Der Drehzapfen verbindet den Drehschemel mit dem Fahrgestell. An einer Deichsel kann das Fahrzeug gezogen und gelenkt werden. Es könnte natürlich auch von einem Fahrer durch Fußdruck, Seilzug oder von einer Stelle des Fahrzeugs aus mit einem Hebel gelenkt werden. Olaf hat sich eine solche Lenkung (siehe oben) einfallen lassen!

Links: Der Drehschemel ist die einfachste Art einer Fahrzeuglenkung. Im oberen Bild seht ihr die beiden voneinander getrennten Fahrgestellteile. Die Vorderachse mit dem fest eingesetzten Drehzapfen bildet den Drehschemel.

Darunter: Und so werden die beiden Teile zusammengesteckt.

Vorteile der Drehschemellenkung: Die Vorderachse kann unter das Fahrzeug geschwenkt werden. Der Wagen läßt sich auf der Stelle drehen (Paketwagen für den Bahnsteigverkehr, Lastwagenanhänger). – Nachteile: Das Fahrzeug steht bei starkem Lenkeinschlag unsicher. Bei großer Geschwindigkeit würde es sich in der Kurve überschlagen.

Die Achsschenkellenkung

Karl Benz suchte schon 1890 nach einer Möglichkeit, das von ihm konstruierte Automobil aus dem Fahrzeuginneren heraus zu steuern und statt der ganzen Achse nur die Räder zu schwenken. Die Räder sind mit den schwenkbaren Enden der Vorderachse (den Schenkeln) am feststehenden Mittelteil befestigt. Damit beide Räder die gleiche Schwenkbewegung machen, sind die nach hinten abgewinkelten Achsschenkel durch eine Spurstange miteinander verbunden. Der Lenkantrieb kann am Drehpunkt des linken oder rechten Achsschenkels ansetzen (siehe die Abbildung unten).

Oben: Fahrzeuge mit Drehschemellenkung. Unten: Fahrgestell-Modell mit Achsschenkellenkung. Beim Lenken verschiebt sich die Spurstange parallel zum mittleren (festen) Achsenteil. Spurstange, Mittelteil und die Winkelführungen der Achsschenkel bilden ein verschiebbares Parallelogramm. Die Steuerung über ein Zugmittelgetriebe ist Michaels Erfindung!

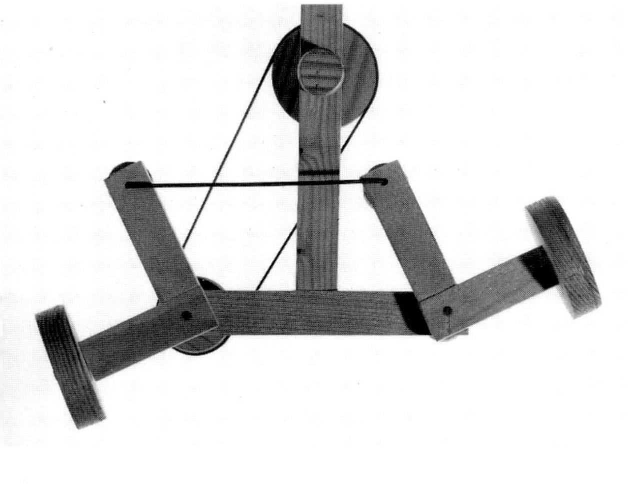

Das andere Rad soll sich mitdrehen

Das ist eine nur scheinbar einfache Aufgabe, bei der es viel zu konstruieren gibt. Ziel sind reizvolle Bewegungsspiele, auf deren störungsfreies Funktionieren ihr mit Recht stolz sein könnt. Getriebe sind aber auch praktische Antriebsmechanismen (siehe die Abbildung) und wichtige Teile aus dem Innenleben jeder Maschine.

Ein Getriebe – was ist das?

Sicher habt ihr das Wort Getriebe schon einmal gehört. In allen Maschinen befinden sich irgendwelche Getriebe. Sie verbinden darin den Antriebsteil (die Stelle, an der die Maschine angetrieben wird) mit dem Arbeitsteil (die Stelle, an der die Maschine eine Arbeit verrichtet). Auf dem Wege zwischen Antriebsteil und Arbeitsteil erfüllen die Getriebe bestimmte Aufgaben: Sie leiten die Antriebsbewegung in eine bestimmte Richtung weiter, wandeln diese möglicherweise in eine andere Bewegungsart um – oder bewirken, daß ein Bewegungsablauf schneller oder langsamer erfolgt. Ein Beispiel für die Funktion eines Getriebes findet ihr am Fahrrad: Die Antriebsenergie (abwechselnder Druck auf jeweils ein Pedal) erzeugt die Drehbewegung

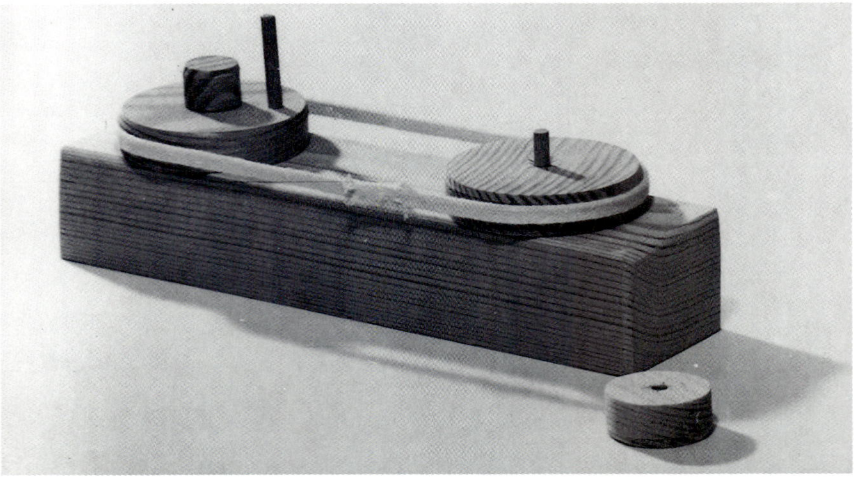

Im Zugmittelgetriebe wird die Drehbewegung der Antriebsscheibe durch das sogenannte Zugmittel (hier das Band) auf die Abtriebsscheibe übertragen. Es funktioniert nur bei sorgfältiger Bauweise: Achsen und Scheibenränder müssen zueinander parallel stehen. Der Riemen muß stramm aufliegen. Das Spiel in den Lagern darf nicht zu groß sein. Achsen: 4 mm dickes Dübelholz. Lagerbohrung 4,5 mm.

des Antriebszahnkranzes. Die Fahrradkette leitet diese Drehbewegung vom Antriebsrad zum Abtriebsrad (dem Hinterrad) weiter.
Dabei wird die niedrige Umdrehungszahl des Antriebs in die höhere des Abtriebs (also vom Langsamen ins Schnelle) übersetzt.
Oft wird in einem Getriebe eine Drehbewegung direkt – »unmittelbar« – durch das Zusammenwirken der Radkanten weitergegeben, z.B. im Zahnradgetriebe durch das Ineinandergreifen der Zähne (Uhrwerk, aufziehbares Spielzeug, Schaltgetriebe im Auto) oder im Reibradgetriebe durch die aneinanderreibenden Radkanten (Antrieb des Fahrraddynamos, Plattenspieler). – Im Zugmittelgetriebe findet die Kraftübertragung indirekt – »mittelbar« – statt mit Hilfe des zum Ring geschlossenen Zugmittels (Riemen, Seil, Kette). Bekannt sind der Kettenantrieb des Fahrrads und die Keilriemenübertragung zwischen Motor und Lichtmaschine im Auto. Andere Getriebe übertragen Schub-, Schwenk- und Hebelbewegungen.

Bau eines einfachen Getriebes

Eine runde Holzscheibe ist so auf einem Grundbrett zu befestigen, daß sie mit der Hand gedreht werden kann. Eine zweite Scheibe soll sich in gewünschter Entfernung mitdrehen. Die angetriebene Scheibe ist das Antriebsrad, die mitgetriebene Scheibe das Abtriebsrad. Dieses kann auch schon eine Arbeit verrichten, z.B. das Karussell drehen.
Beim Basteln merkt ihr, daß alles wieder zur Anwendung kommen muß, was ihr schon beim Lagern von Radscheiben gelernt habt: Die Räder sollen sich leicht (reibungsarm) drehen lassen. Sie sollen nicht eiern. Wenn das Zugmittel dauernd abläuft, hat das Gründe, die ihr herausfinden und beseitigen könnt. Legt euch ein »Erfahrungsheft« an. Darin könnt ihr alles eintragen und mit Skizzen versehen, was euch für später wichtig erscheint.

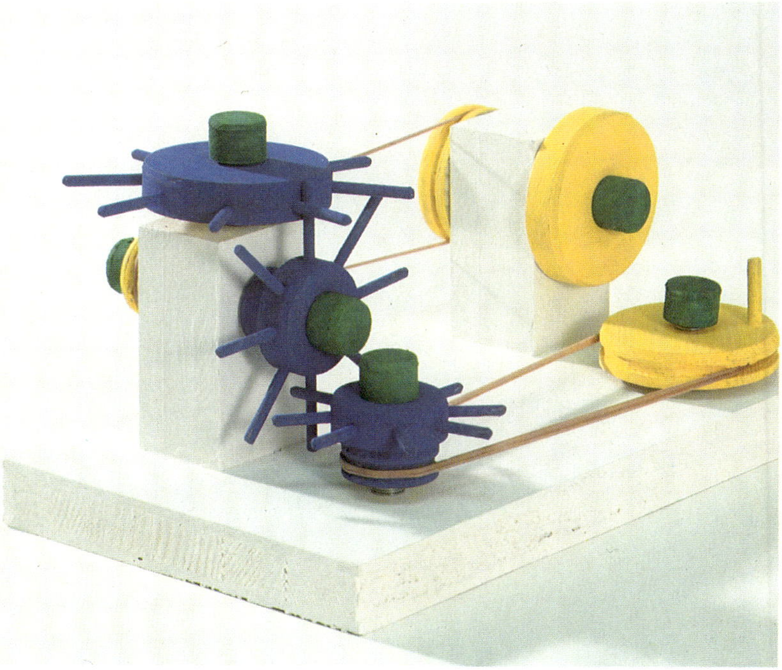

Zwei Bastelergebnisse aus dem Bereich »Drehbewegung um die Ecke lenken«. – Oben: Olaf kam auf die Idee, sein Spiel über ein Zugmittelgetriebe anzutreiben und an der Kante zwei Zapfenräder im Wechsel ineinandergreifen zu lassen. – Unten: Bewegungsspiel mit doppelter Zapfenradstufe. Plakatfarbenanstrich. Wer dieses hübsche Spiel sieht, möchte es sofort in Bewegung setzen und ausprobieren, ob es auch funktioniert.

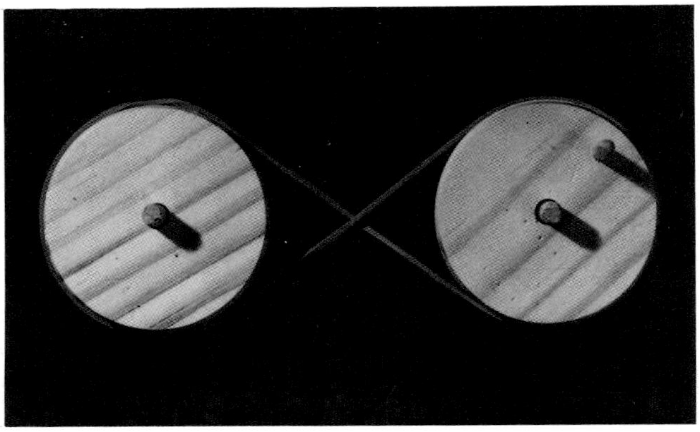

Aus Erfahrung wißt ihr, daß die Entfernung zwischen den beiden Scheiben (Antriebsrad und Abtriebsrad) am einfachsten mit einem »Treibriemen« – dem sogenannten »Zugmittel« – überbrückt werden kann. Zugmittel heißt dieser Riemen deshalb, weil er durch die starke Reibung beim Aufliegen auf den Scheibenrändern das andere Rad beim Drehen mit»zieht».
Was eignet sich? – Im Hause findet ihr mehr oder weniger brauchbares Material: Schuhband, Wäscheband, Paketschnur, Wolle, Zwirn, Perlonschnur, Weckringe, ein Stück Fahrradschlauch, Wäschegummi rund und flach, Verpackungsgummiringe usw. Es lohnt sich, mit dem unterschiedlichen Material zu experimentieren! – Bänder müssen mit den Enden »zusammengeschlossen« werden. Also legt ihr auch nötige Verbindungsmittel bereit, – Nähfaden, Klebestreifen, Alleskleber oder was euch sonst noch geeignet erscheint.
Spätestens beim Auflegen des Zugmittels auf die Scheiben merkt ihr, daß die Funktion eures Getriebes auch etwas mit der richtigen Riemenspannung zu tun hat. Das Zugmittel muß stramm aufliegen. Hat es zuviel »Schlupf«, dann zieht es nicht und muß nachgespannt werden. Ihr könnt es selbstverständlich noch einmal »binden«. Ihr könnt aber auch noch eine zusätzliche Scheibe als Spannrolle auf dem Grundbrett anbringen (siehe die Abbildung links unten).
Flache Bänder (Schuhband, Wäscheband) finden am breiten Holzscheibenrand eine gute Auflage. Runde Bänder rollen ab und verlangen eine Laufrille, die ihr in den Scheibenrand einarbeiten (einsägen, einfeilen) müßt. Wo liegt der Vorteil des festen Schnurriemens im Unterschied zum elastisch-dehnbaren Gummiband – und umgekehrt?
Läuft das Getriebe? – In welche Richtungen drehen sich Antriebs- und Abtriebsrad? Nehmt einen Bleistift und

Auf einer solchen Experimentierplatte könnt ihr die verschiedenen Funktionen eines Zugmittelgetriebes erkunden. Als Achsen dienen 4 mm dicke Dübelholzabschnitte. Die mit 4,5 mm Lagerweite durchbohrten Querholzscheiben lassen sich gut aufstecken und drehen. Die Antriebsscheibe wird mit einer Kurbel versehen. Ein Verpackungsgummiring als Zugmittel paßt sich selbst den unterschiedlichen Spannungsentfernungen an.

kennzeichnet die Drehrichtung jeder Scheibe mit einem Richtungspfeil! Was müßt ihr tun, wenn sich das andere Rad entgegengesetzt drehen soll? Wie oft drehen sich bei gleichem Antrieb unterschiedlich große Scheiben? Strichmarken am Scheibenrand und am Grundbrett lassen die vollen Umdrehungen erkennen. Wie erreicht ihr, daß sich das eine Rad schneller oder langsamer als das andere dreht?

Die Drehbewegung »um die Ecke« leiten!

Die Technik kennt verschiedene Lösungen dieser Aufgabe, die sich aber nicht alle mit einfachen Mitteln umsetzen lassen, z.B. die Kegelzahnräder mit abgewinkelten Laufkanten oder die biegsame Welle (Tachowelle am Fahrrad). Andererseits findet ihr in dieser Aufgabe Möglichkeiten für eigene Konstruktionen, die ihr am besten zu reizvollen Getriebespielen kombiniert. Seht euch dazu auch die Abbildungen auf der vorhergehenden Doppelseite an!

Oben: Drei Ideen, um die Drehbewegung um die Ecke zu lenken. Links: Bewegungsumlenkung über doppelte Laufrollen (in der Mitte getrennt, so daß sich die halbierten Rollen gegensätzlich drehen können), – Mitte: durch feste Gleitösen, – Rechts: über Zapfenräder. Unten: Für den Antrieb dient ein Zugmittelgetriebe. Die Drehung wird durch Reibung der überstehenden Radkanten auf die mit Gummi (!) überspannten Ränder der senkrecht stehenden Scheiben übertragen.

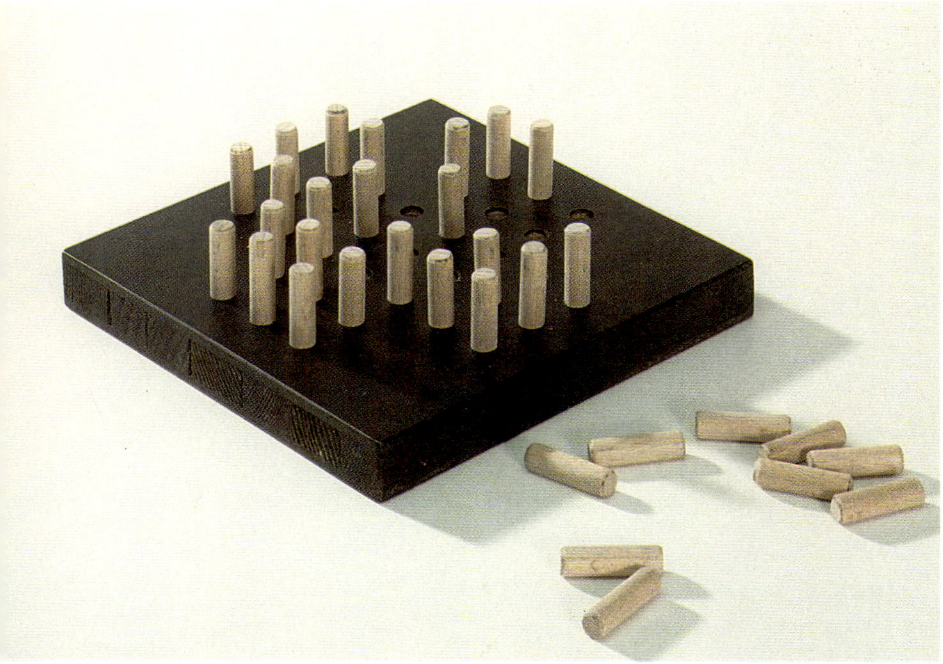

Ein Steckspiel und der Turm von Babylon

Mühle, Dame, Schach sind Spiele, für die ihr einen Gegner braucht. Der auf eine einsame Insel verschlagene Robinson konnte nur gegen sich selbst spielen. Wie ihm erging es vielen Gefangenen und Einsiedlern, die sich Spiele selbst ausgedacht und gebastelt haben.

Der Turm von Babylon (das Pyramidenspiel)

Das Spiel besteht aus einem Brettchen mit drei langen Stäben. Auf einem Stab sind bis zu sechs in der Mitte durchbohrte Scheiben aufgesteckt, von denen jede etwas kleiner als die vorhergehende ist. Die Scheiben sind pyramidenförmig gestapelt (siehe die Abbildung unten).

Ziel des Spiels ist es, den auf der linken Seite befindlichen Scheibenturm nach rechts zu bringen. Dabei darf immer nur eine Scheibe angefaßt werden – darf nie eine größere Scheibe auf eine kleinere gelegt werden – dürfen zum Ablegen der Scheiben nur die drei Stäbe benutzt werden. Die niedrigste Zahl der Scheibenbewegungen beträgt jeweils 2 mal 2 mal 2 .. (so oft 2 wie Scheiben vorhanden sind) minus 1. Bei 3 Scheiben sind es also

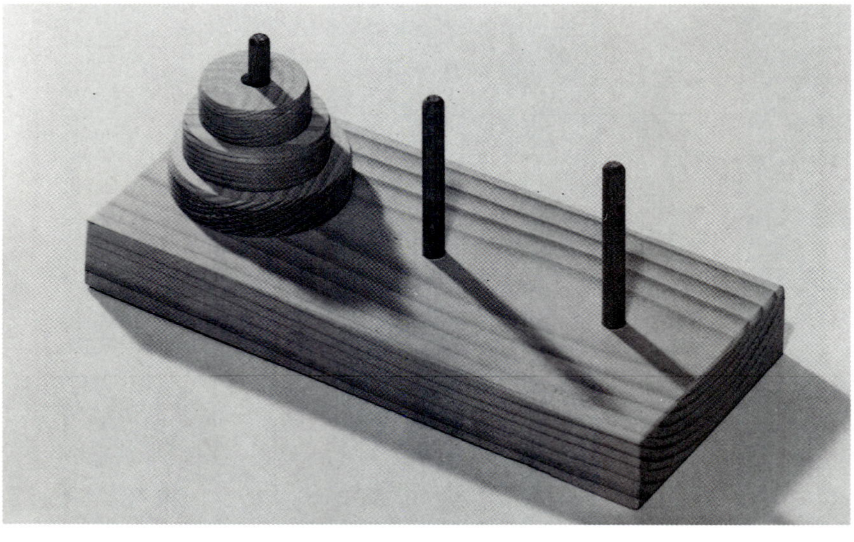

Links: Der Turm von Babylon oder das Pyramidenspiel. Länge des Brettchens etwa 17 cm, Breite 6 cm, Höhe 2 cm. Stäbe aus 6 mm dickem Dübelholz, je nach Spielscheibenzahl 6 bis 8 cm lang. Die Stäbe stehen etwa 5,5 cm auseinander, so daß sich auch 6 cm breite Scheiben nebeneinander ablegen lassen. Enden rund schleifen! Querholzscheiben sind in verschiedenen Durchmessern erhältlich (siehe Seite 89). Bohrung in den Scheiben 7 oder 7,5 mm.

(2 · 2 · 2 = 8; 8 − 1 = 7) 7 Scheibenbewegungen, – bei 4 Scheiben 15, – bei 5 Scheiben 31, – bei 6 Scheiben 63. Eure Aufgabe ist es also auch, den Scheibenturm jeweils mit der Mindestzahl notwendiger Scheibenbewegungen umzusetzen.

Oberflächenbehandlung: Holz hat Poren. Staub und Fingerspuren haften auf der Oberfläche. Wenn ihr das Spiel hinterher verschenken wollt, empfiehlt sich eine Nachbehandlung. Zunächst müssen alle Flächen, auch die der Querholzscheiben, über einem flachliegenden Sandpapier mittlerer Körnung geschliffen werden (siehe die Anweisung auf Seite 85). Dann folgt eine Grundierung mit Zellulose-Hartgrund oder Einlaßgrund (so heißen diese Mittel). Mit einem dünnen Borstenpinsel satt auftragen. Die Flüssigkeit riecht stark. Die Dämpfe sollt ihr nicht einatmen. Am besten arbeitet ihr damit im Freien! – Nach einer Stunde Trockenzeit fühlen sich die Holzflächen wieder rauh an. Kein Wunder, denn durch die Flüssigkeit sind die beim Schleifen nur niedergedrückten Holzfasern hochgequollen. Ein sanfter Nachschliff mit feinem Sandpapier macht alles wieder glatt. Nun könnt ihr die Flächen ein zweites Mal mit Hartgrund (am besten mit einem Lappen) überreiben.

Das Solitaire- oder Einsiedlerspiel

Dieses Spiel soll vor etwa 200 Jahren von einem französischen Grafen während seiner Gefangenschaft in Paris erfunden worden sein. Es besteht aus einem quadratischen Holzbrett mit 33 Löchern und 32 Steckstiften. Die Stifte springen vor-, rück- oder seitwärts, aber niemals schräg. Übersprungene Stifte werden vom Brett genommen. Ihr dürft immer nur über einen einzelnen Stift springen, dürft aber eine Reihe von Sprüngen als einen Zug betrachten. Das Spiel endet, wenn sich der letzte Stift – allein auf weiter Flur! – im mittleren Loch befindet.

Rechts: Das Steckspiel. – Seitenlänge der Grundplatte 15,5 cm. Zum Durchstechen der Lochmittelpunkte ist kariertes Schreibpapier eine gute Hilfe! – Lochabstände 2 cm. Bohrdurchmesser 8,5 mm, Bohrungen etwa 6 mm tief. Steckstifte 3 cm lang, aus 8 mm Dübelholz.

Braucht jemand eine Seilwinde?

Die Seilwinde ist ein »Hubwerk« zur Beförderung schwerer Lasten über unterschiedliche Höhen und Entfernungen. Als Hilfswinde findet man sie oft an hochgelegenen Arbeitsplätzen. Sie dient dem Antrieb der Kräne, Drahtseilbahnen und Schachtanlagen. Wie jede Maschine besteht sie aus festen und beweglichen Teilen. Fest ist das Gestell, in dem die Seiltrommel drehbar gelagert ist. Der Antrieb erfolgt entweder von Hand oder durch einen regelbaren Elektromotor. Wichtig ist eine Rücklaufsperre. Drei der von unseren Bastelfreunden gefundenen Lösungen sind unten noch einmal besonders deutlich abgebildet.

Jedermann weiß, daß sich ein belastetes Zugseil leicht auf eine Welle aufwickeln läßt, wenn diese in einem Gestell fest gelagert ist und eine Kurbel hat, mit der man sie drehen kann.
Nun aber stellt euch vor, der Mann an der Kurbel hat den Wagen eben halb emporgewunden, da überfällt ihn ein Unwohlsein, und er kann Kurbel und Last nicht mehr halten. Hier wird euch doch klar, daß so eine Seilwinde auch eine »Rücklaufsperre« haben muß, mit der man sie in jeder Lage gegen das Zurücklaufen der Last sichern kann.

Ihr braucht ein Grundbrett, Leistenabschnitte, Dübelholz und anderes Material, das ihr euch im Hause zusammensuchen müßt. Wichtig sind: Schneidelade, Feinsäge, Bastlersäge, Spiralbohrer und Schleifpapier. Seht euch nun in den Abbildungen rechts an, wie Peter, Jens und Uwe die Aufgabe gelöst haben:

Peter (oben) und Uwe (unten) wickeln das Zugseil direkt auf die Welle auf. Ihnen dient die Welle als Seiltrommel. Beim Bedienen stellt sich heraus, daß man eine solche Winde (mit kleinem Trommeldurchmesser) zwar leicht drehen kann, daß man aber damit nur eine sehr kleine »Seilgeschwindigkeit« gewinnt (der Wagen kommt nur langsam hoch). Die beiden Jungen müssen auch öfter kurbeln als Jens (Mitte), der sich eine Seiltrommel aus einem Flaschenkorken gebastelt hat und damit eine weitaus größere Seilgeschwindigkeit erzielt.

Ihr solltet solche Erfahrungen zusammenfassen und in euer Erfahrungsheft eintragen, – z.B.: »Kleiner Trommeldurchmesser = geringe Seilgeschwindigkeit und leichte, aber viel Kurbelarbeit. Großer Trommeldurchmesser = große Seilgeschwindigkeit, schwerere – aber weniger Kurbelarbeit.« Die Rücklaufsperren: Peter (oben) hat am Ende der Seiltrommel ein richtiges »Sperr-Rad« angebracht. Steckt man den Pflock in das vorgesehene Loch im Gestellpfosten, dann legt sich beim Rücklaufen der nächste Sperrstift dagegen und hält die Last fest. Leider befindet sich die Kurbel am entgegengesetzten Wellenende! – Jens (Mitte) braucht kein zusätzliches Sperr-Rad. Er steckt den Sperrpflock ein und läßt einfach die Kurbel dagegenschlagen. – Peter (unten) experimentiert mit einer »Sperrzunge«. Hier wird der Rücklauf automatisch gestoppt. Soll die Winde zurücklaufen, muß man die Sperrzunge zur Seite biegen.

Laßt uns für die Schlümpfe Höhlen bauen!

Die Schlümpfe mußten ihr Land verlassen. Erdbeben, Überschwemmungen, Hungersnöte haben sie vertrieben. Seitdem irren sie rat- und ruhelos umher. Wir können solches Elend nicht länger mit ansehen. Laßt uns den Schlümpfen Höhlen bauen! Dabei lernt ihr auch gleich – mit Ton umzugehen. Mit den fertigen Höhlen könnt ihr drinnen und draußen spielen.

Das ist leichter gesagt als getan. Die Schlümpfe leben tief im Wald. Und außerdem fühlen sie sich nur in Unterkünften wohl, die ihren Eigenarten entsprechen. Niemals können der Ohrenzieh- und der Zungenherausteckschlumpf mit dem Doktor- oder Harfenschlumpf zusammenwohnen. Auch der Trompetenschlumpf braucht eine Höhle für sich. Der Fliegerschlumpf fühlt sich nur im höchsten Stockwerk wohl, während Fußball-, Blumen- und Bierschlumpf am besten ebenerdig wohnen. König und Gefolge beanspruchen eine ganze Etage für sich.

Es wird uns nichts anderes übrig bleiben, als gleich einen ganzen Höhlenberg in Angriff zu nehmen. Vielleicht könnt ihr aber auch Einraum- und Zweiraumhöhlen einzeln bauen und zu einem richtigen Höhlendorf zusammenstellen. Die Höhle für den Wächterschlumpf kommt natürlich an den Dorfeingang.

Woraus ihr solche Höhlen baut? – Aus Ton, versteht sich! Ton gibt es als Hobbymaterial bereits plastisch zubereitet und luftdicht abgepackt. Nehmt »gemagerten« Ton, der vom Hersteller mit gemahlener Schamotte versetzt worden ist, damit er beim Trocknen nicht so stark schwindet und reißt. Ein Stück Spanplatte dient als Unterlage. Bedeckt sie mit Plastikfolie, von der sich der Ton leicht abziehen läßt. Zum Abschneiden kleinerer Mengen eignet sich am besten ein Stück Draht. Die Teilmengen werden zwischen zwei Holzleisten zu 1 cm dicken Platten flachgedrückt. Mit solchen Platten könnt ihr gut bauen. Ihr könnt sie etwas biegen, zur Wand aufrichten, mit anderen Platten zu längeren Wänden verbinden usw. Die Schmalseiten werden kräftig gegeneinandergedrückt und beidseitig verstrichen. Luft darf nicht mit eingeschlossen werden. Kluge Leute machen sich in einem Schälchen etwas Tonbrei zurecht und mörteln damit Schmalseite an Schmalseite wie ein Maurer.

In gleicher Weise kann die Höhle überdacht werden. Große Dächer brauchen eine zusätzliche Stützwand, die die Höhle dann auch gleich in zwei Räume unterteilt. Ihr könnt die Höhlen auch turmartig übereinanderbauen. Ein solches Bauwerk hat natürlich sein Gewicht! Es kann passieren, daß die unteren Wände unter den darüberlastenden Tonmengen nachgeben und zusammensinken. Das verhindert ihr, indem ihr von vornherein Stockwerk für Stockwerk in täglichen Etappen baut. Über Nacht können die fertigen Teile schon ein bißchen trocknen, wodurch sie fester und tragfähiger werden. Der Rand muß natürlich durch Auflegen eines feuchten Tuches geschmeidig gehalten werden. Das gilt auch für eure angebrochene Tonmenge, mit der ihr ja am nächsten Tag weiterbauen wollt!

Ist die Höhle fertig, dann muß sie trocknen. Stellt die Arbeit keinesfalls in die Nähe des Ofens oder in die Sonne, sondern in einen kühlen, aber luftigen Raum, vielleicht in den Keller! Schnelles und einseitiges Trocknen läßt den Ton reißen. Die Trockendauer ist sehr unterschiedlich und hängt von der Lufttemperatur und Luftfeuchtigkeit ab sowie von der Größe und Dicke der Stücke. Ihr müßt mit zwei bis vier Wochen rechnen! Trockener Ton ist hell, hart, und er klingt, wenn man mit dem Knöchel dagegenklopft.

Mit der getrockneten Höhle könnt ihr schon spielen. Aber sie ist brüchig. Am besten laßt ihr sie in einer Töpferei brennen. Fragt auch im Kunstgewerbeladen nach einer Brennmöglichkeit. Auch Hobby-Geschäfte und Heimwerker-Läden vermitteln so etwas. Nach dem Brennen ist die Höhle dunkel oder rotfarbig wie ein Blumentopf und steinhart. Die wilden Schlümpfe können einziehen. Seht, wie sie das neue Haus bevölkern, – und wie glücklich sie darin sind!

Die große Brücke

Gebaut wird mit Zeichenpapier und Alleskleber. Papier ist so biegsam, daß es sich, wenn man es über zwei entfernte Klötze legt, nicht einmal selbst tragen kann. Dennoch soll damit die große Brücke gebaut werden. Ihr befindet euch in der Lage eines Ingenieurs, der raffinierte Maßnahmen überlegen muß, um trotz der Schwächen des Materials die Brücke so fest zu bekommen, daß später sogar ein schwerer Zug darüber rollen kann.

Unten: Papier wird nicht mit den Händen gefaltet oder mit der Schere geschnitten. Wichtiges Werkzeug sind Stahlschiene, Falzbein und Schneidemesser. Entlang der Schiene wird die Knicklinie mit dem Falzbein vorgedrückt. Dann preßt man mit dem Falzbein den seitlichen Papierüberstand gegen die aufliegende Schienenkante. Gerade Schnitte bekommt ihr mit dem Messer am Lineal!

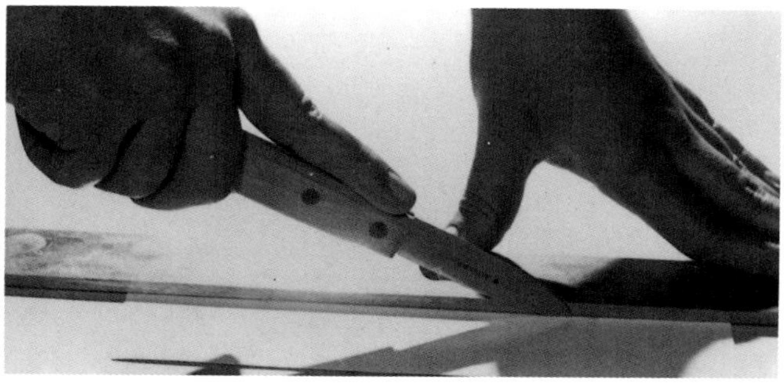

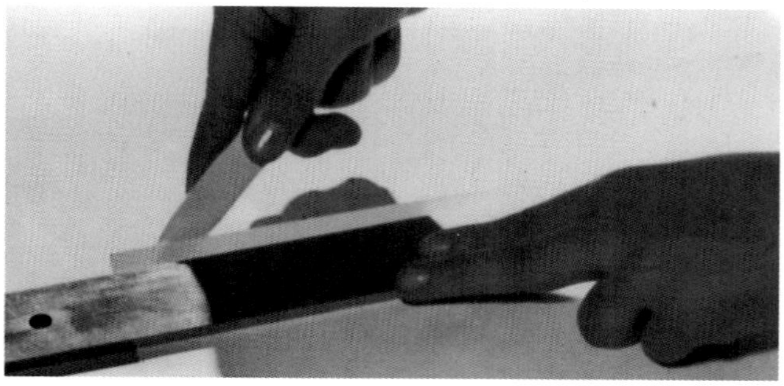

Ein Versuch mit Spielregel

Eine Entfernung von 30 cm ist zu überbrücken. Pfeiler dürfen nicht untergesetzt werden. Das Ziel soll mit möglichst geringem Materialverbrauch erreicht werden. Mathias baute eine Brücke, wie sie der Spielregel entspricht. Die Reihe seiner Überlegungen zeigen die Abbildungen:

a) Ein Papierstreifen liegt über den beiden Holzklötzen (den »Auflagern« der Brücke). Er trägt sich nicht selbst. Er hängt durch.
b) Versuchsweise knickt Mathias die langen Randseiten hoch. Jetzt hängt das Papier nicht mehr!
c) Mathias merkt, daß die »stabilisierende« Wirkung von den Knickkanten ausgeht. Also kann das nichttragende Material aus der Mitte herausgeschnitten werden. Diesen Rahmen wirft Mathias weg. Er baut einen neuen, der nur aus geknickten Streifen besteht.
d) Dieser Rahmen kann schon eine geringe Last tragen: 20 g. Bei höherer Belastung legen sich die senkrechten Wände der Winkelstreifen um.
e) Mathias legt den Rahmen so, daß seine senkrechten Wände mit den Schnittkanten aufliegen. In dieser Lage ist der Rahmen bis 100 g belastbar. Die Erklärung dafür findet ihr auf der übernächsten Seite.
f) Um die Belastbarkeit zu steigern, fügt Mathias zwei weitere Winkelstreifen hinzu. Er denkt: »Mehr Knick-

winkel – mehr Tragkraft!« – Seine Vermutung bestätigt sich. Tragfähigkeit nunmehr: 250 g. Geringe Biegung in der Mitte (unter der Last).

g) Mathias ist jetzt von der stabilisierenden Wirkung der Knickkanten überzeugt. Er baut einen Rahmen, an dem sowohl oben als auch unten Knickkanten liegen, – also aus papierenen »Winkelbalken«, die er aus viermal geknickten Streifen zusammenklebt. – Belastungsprobe: 500 g.

Mathias hat bei dem Versuch (f) gesehen, daß sich der Rahmen bei höherer Belastung in der Mitte biegt. Auch der letzte Rahmen würde sich bei höherer Belastung durchbiegen und schließlich brechen. Mathias denkt, daß es dem Rahmen gut täte, wenn er ihn mit der Unterseite auf einen Papierstreifen aufkleben würde. Er tut es, – weiß aber noch nicht, daß er den Rahmen dadurch im gefährdeten Bereich mit einem zusätzlichen »Zugband« gesichert hat. Seht dazu die Erklärungen auf der nächsten Seite!

Mathias überlegt nun, wie er der beobachteten Durchbiegung des Rahmens begegnen könnte. Da Pfeiler verboten sind, müßte die Mitte irgendwie aufgehängt werden! – Mathias denkt an den Mann, der beim Heben die Beine auseinanderspreizt. So überbaut er den Rahmen mit einem doppelten »Zweibein«, für das er die Winkelstreifen T-förmig aneinanderklebt. Den Rahmen hängt er mit jeder Seitenmitte auf. Belastungsprobe: 4 volle Kilogramm, bitte!

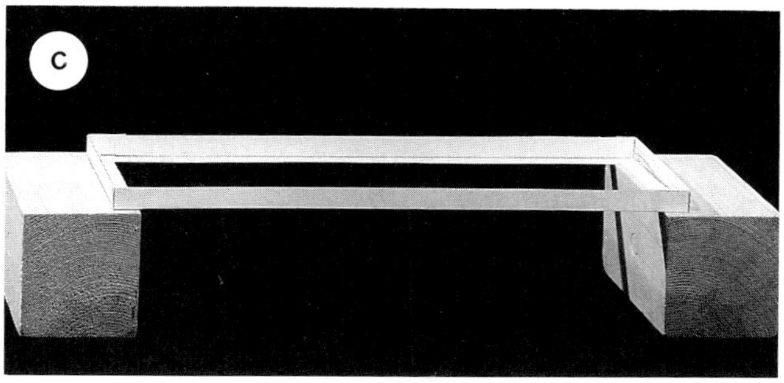

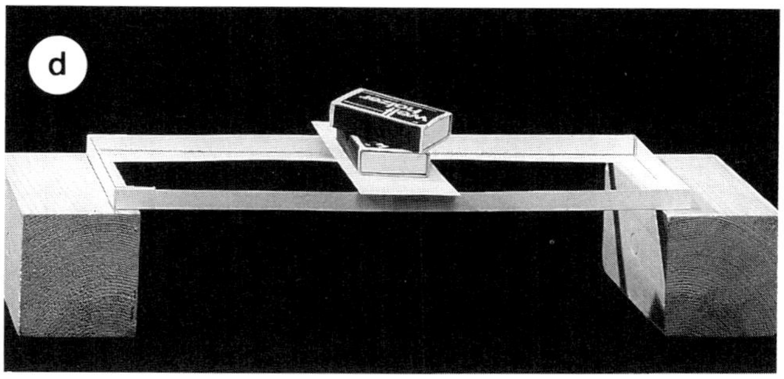

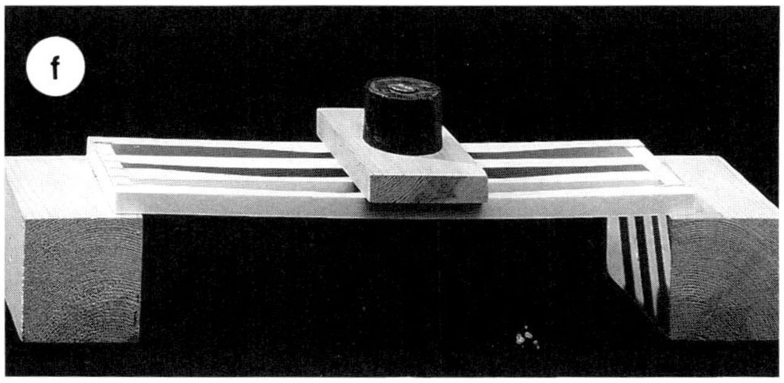

Schon rollt der erste Zug über Michaels Brücke. Dabei sieht alles so leicht aus! Es stecken aber viele Überlegungen in diesem Bauwerk, auf das Michael mit Recht stolz sein kann. Während der Techniker die Tragfähigkeit seiner Konstruktion vor dem Bau berechnen kann, mußte Michael deren Verhalten bei Belastungsversuchen beobachten und den auftretenden Schwächen durch immer weitere Verbesserungen begegnen.

Von den Druck- und Zugspannungen im Tragwerk

Wenn man ein mit beiden Enden aufliegendes Tragwerk – einen »Träger« – in der Mitte belastet, dann neigt er dazu, sich bogenförmig nach unten durchzubiegen. Oft sieht man das nicht, weil die Festigkeit der Bauteile oder der Konstruktion dem entgegenwirkt. Dennoch kommt es in seinem inneren Zusammenhang zu Spannungen, die sich im oberen Bereich als »Druckspannungen« und im unteren Bereich als »Zugspannungen« auswirken. Das führt dazu, daß der Träger oben zusammengedrückt (gestaucht) und unten gedehnt (gezerrt) wird.

Am besten könnt ihr das erkennen, wenn ihr einen dicken Schaumgummistreifen nach oben biegt: Die Poren an der untern Streifenseite weiten sich. Sie werden dort auseinandergezogen (gedehnt). Die obere Streifenseite wird zusammengedrückt. Die Poren verengen sich, es bilden sich Falten! Ähnliches könnt ihr beobachten, wenn ihr eine dünne Holzleiste über das Knie brecht. An der Unterseite der Leiste werden die Holzfasern auseinan-

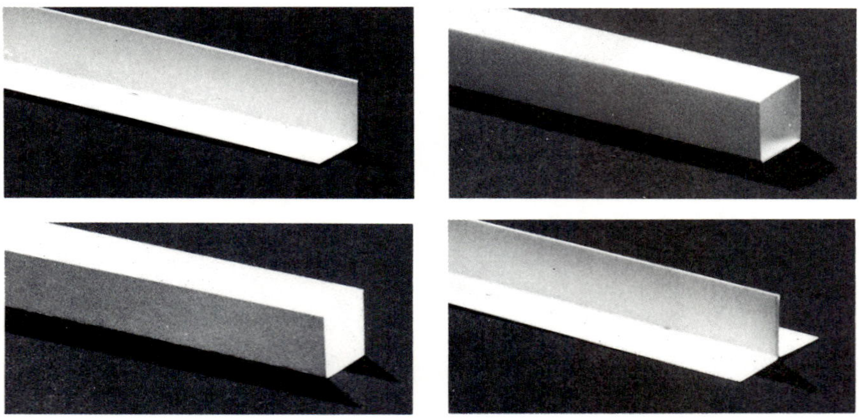

Solche Winkelstäbe nennt der Techniker »Profile«. – Hier seht ihr: Winkelprofil (mit einer Knickkante), U-Profil (zwei Knickkanten), Vierkantrohr (vier Knickkanten). Wenn ihr zwei Winkelprofile aneinander klebt, bekommt ihr das sehr leistungsfähige T-Profil. Ihr solltet einmal testen, wofür sich die verschiedenen Profile am besten eignen!

dergerissen. Dort splittert das Holz, es entstehen spitze Enden, an denen ihr euch leicht verletzen könnt. An der Oberseite hat sich vielleicht nur ein Knickwinkel gebildet. Dort ist das Holz beim Brechen zusammengedrückt, also nicht getrennt worden.

Die nebenstehenden Skizzen zeigen das noch einmal: Druckspannungen oben (seht die aufeinander zulaufenden Pfeile), – Zugspannungen unten (die Pfeile zeigen auseinander).

Nun liegt es an euch, diesen »gerichteten« Spannungen beim Bauen der Brücke zu begegnen. Das heißt, in den gefährdeten Bereichen besonders zugerichtete Bauteile (Profile) und überlegte Verstrebungen anzubringen.

Da wird euch also einiges Nachdenken abverlangt! Wenn alles nichts hilft, macht ihr es so wie Michael (Bild unten!). Der im Test absichtlich herbeigeführte Zusammenbruch zeigte, wo noch etwas besser zu machen war.

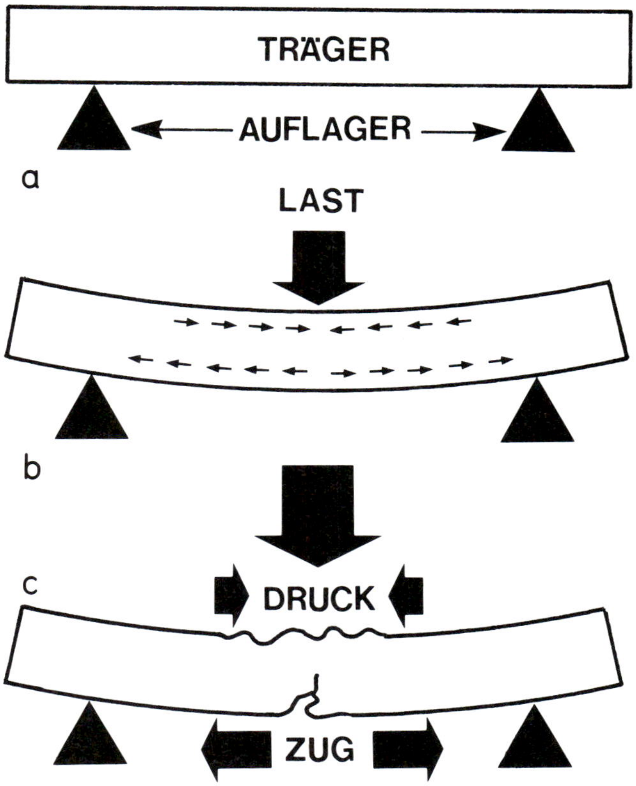

Oben: Die schwarzen Dreiecke kennzeichnen die »Auflager«. Darüber liegt der »Träger« als Brücke (a). Belastet ihr die Brücke, dann kommt es in ihrem inneren Zusammenhang zu »Druck-« und »Zugspannungen« (b). – Bei Überbelastung führen diese Spannungen zum Zusammenbruch (c)!

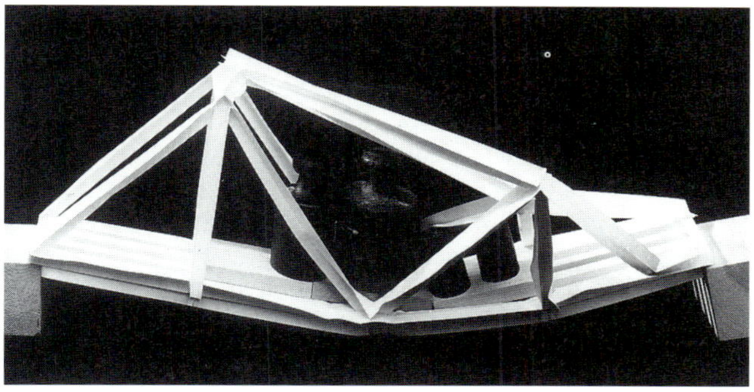

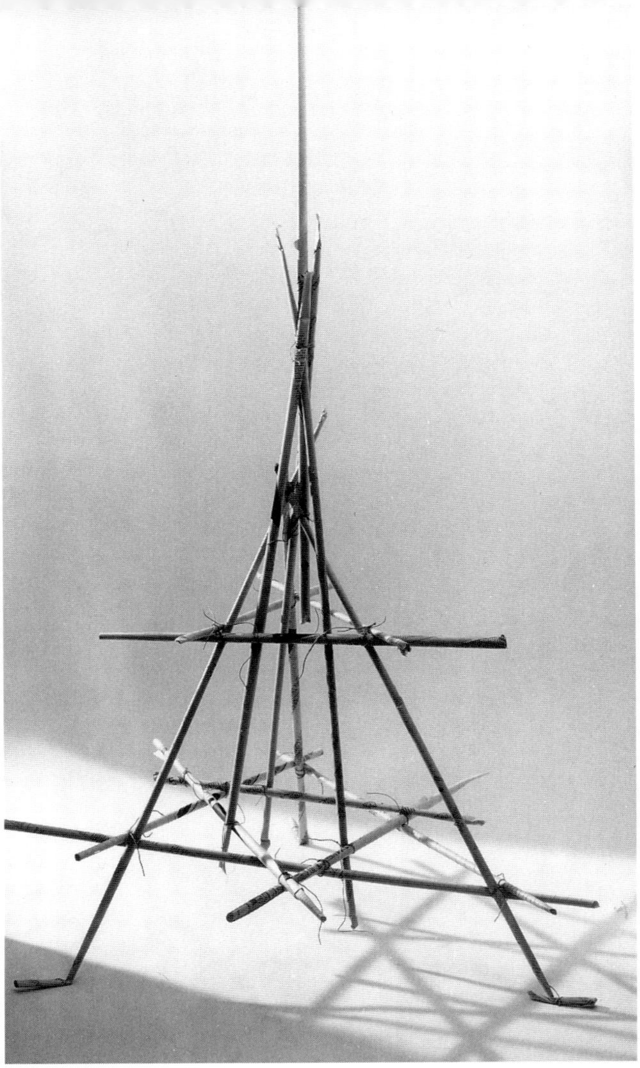

Bauen mit Zeitungspapier!

Mit Zeitungspapier? – Zeitungspapier ist doch so wenig fest, daß es sich nicht einmal selbst in seiner Fläche tragen kann. Außerdem zerreißt es leicht! – Aber das ist es ja gerade, was die Sache so spannend macht. Also – einen Packen alter Zeitungen auf den Tisch, dazu dünnen Bindfaden und etwas Klebstoff!
Seht euch die nebenstehende Abbildung an. Dieses Bauwerk – im Original etwa 2 m hoch – hat eine entfernte Ähnlichkeit mit dem Eiffelturm (in Paris), dem Tragmast einer Hochspannungsleitung, dem Gerüst eines Baukrans. Ihr kennt das also! – Wie tragfähig andererseits das Rohrprofil sein kann, beweist euch jeder Strohhalm. Das Rohrprofil wurde von der Natur erfunden und ist von den Technikern nur abgeguckt worden. Denkt an die Baugerüste an den Hauswänden! – Bleibt noch die Frage der Konstruktion (des Zusammenbaus). Der Trick: Der Turm hat seine Festigkeit durch die vielen Dreiecke!

Daß sich das offene Blatt wohl kaum zum Bauen eignet, liegt auf der Hand! Auch »Knicken« (Profilieren in der bisher erprobten Weise) führt nicht weit. Aber im Zirkus oder bei einer Kinovorstellung habt ihr möglicherweise schon oft, um eure Spannung abzureagieren, Eintrittskarten und Bonbonpapiere mit den Fingern zusammengerollt. Es sind dabei kleine, aber verhältnismäßig feste Röllchen entstanden. Sollte das ein Weg sein?

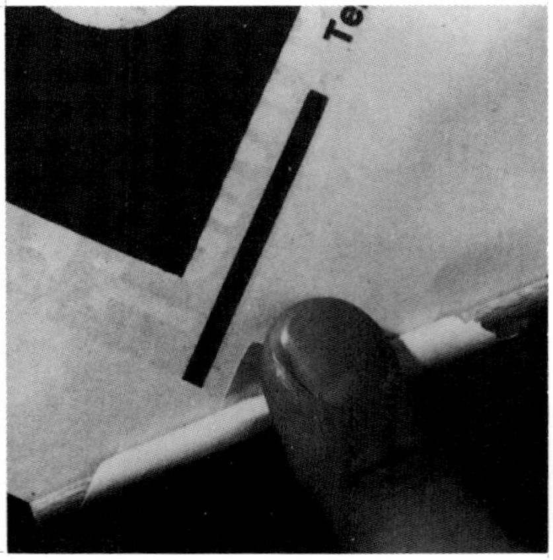

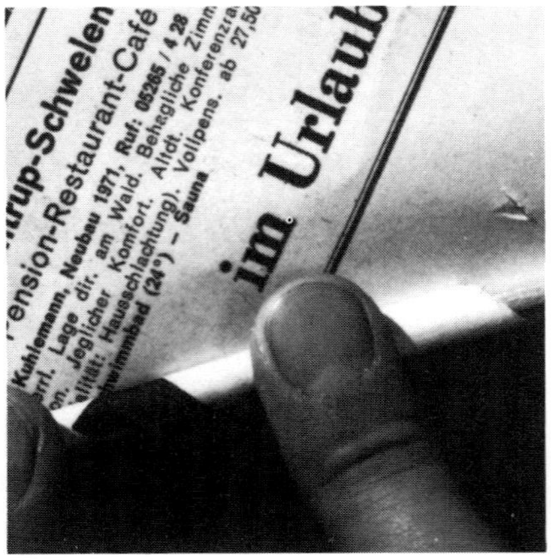

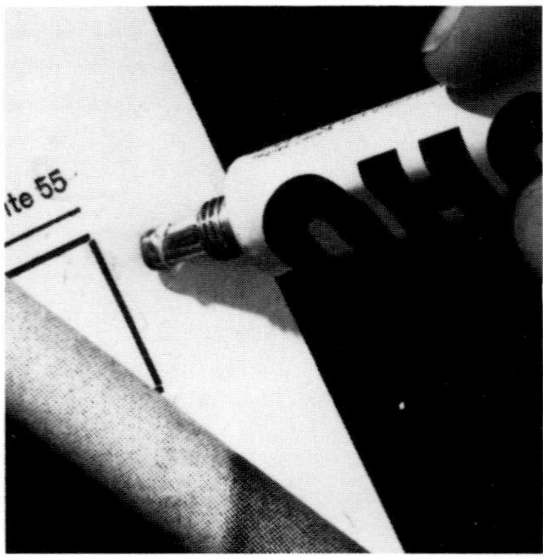

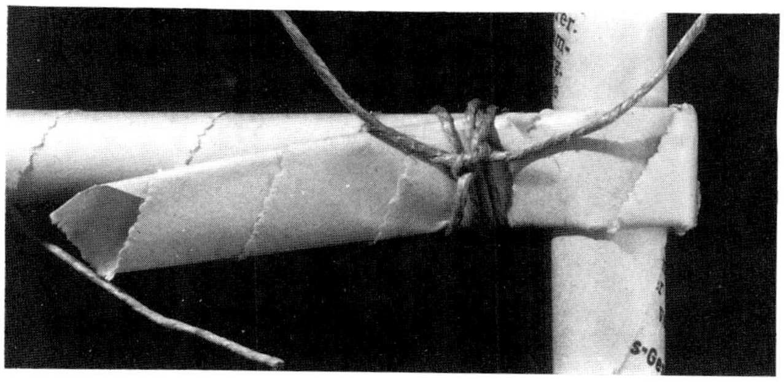

Es ist mühselig, ein großes Zeitungsblatt von der geraden Kante aus zusammenzurollen. Leichter geht es, wenn ihr mit der Ecke beginnt, noch leichter, wenn ihr in den Anfang ein dünnes Rundholz oder Schaschlikstäbchen legt und zunächst mit einrollt (siehe die Abbildung auf der gegenüberliegenden Seite unten). Später könnt ihr das Stäbchen herausziehen. Das Blatt kann dann mit den Händen über den Tisch gerollt werden (Abbildung!). Die Rolle ist fest und verhältnismäßig schwer zu knicken – also doch ein gutes Baumaterial! Nur das Ende des Wickels muß noch mit einem Tropfen Klebstoff gesichert werden.

Fertigt euch zunächst auf diese Weise einen ausreichenden Vorrat an solchen Stäben an!

Dann soll gebaut werden! – Stäbe aus Zeitungspapier könnt ihr nur schwer aneinanderkleben. Also versucht ihr es gar nicht erst und knotet die Stäbe einfach mit Bindfäden aneinander. Enden werden um die Rolle gelegt (siehe die Abbildung oben), übereinanderliegende Stäbe kreuzweise aneinandergebunden. Das sieht »wackelig« aus – und ist es auch! Dem aber soll mit einem »konstruktiven« Trick begegnet werden!

Baut zunächst aus 12 Stäben einen Würfel! Dieser Würfel soll fest stehen. Das tut er nur, wenn ihr in jedes Rahmenquadrat noch einen einzigen weiteren Stab hineinbindet. Auf das »wie« kommt es an! Versucht es! – Habt ihr die Lösung gefunden, dann habt ihr euch damit eine schier unbezahlbare Erfahrung eingehandelt!

Baut nun in Ruhe weiter – bis an die Zimmerdecke oder draußen im Freien so hoch, wie ihr nur könnt! Die Frage ist auch, ob ihr die Fäden ordentlich knotet und die Stäbe möglichst rutschfest aneinanderbindet. – Seht euch noch einmal Olafs »Dreibein« auf der gegenüberliegenden Seite an. Nichts wackelt mehr! Es hat seine Festigkeit von den vielen Dreiecken, aus denen das Bauwerk besteht.

Oben: So oder so ähnlich könnt ihr die Stäbe aneinanderbinden. Unten: Ein stabiler »Hochstand«. Der einfache Viereckrahmen aus senkrechten Stützen und waagerechten Verbindungsbalken würde noch umfallen. Erst die schrägen »Diagonalstreben« (Dreiecke!) machen ihn fest.

Seilbahnbau für die Schlümpfe!

Überall in der Welt gibt es schlumpfähnliche Wesen in Mengen. Viele von ihnen wohnen in hohen Zahnpastaschachteln oder Türmen aus dicken Verpackungsrollen, können allein weder hinauf noch hinunter, sehen einander selten und brauchen dringend eine Seilbahn, um miteinander in Kontakt zu kommen. Schafft ihnen das Vergnügen! Baut ihnen eine!

Tief im Wald, diesseits und jenseits einer tiefen, von einem reißenden Gebirgsfluß durchbrausten Schlucht, stehen zwei Türme. Es sind die Reste alter Ritterburgen, die vor vielen hundert Jahren von zwei miteinander verfeindeten Rittergeschlechtern gebaut worden waren. Heute fliegen keine Pfeile mehr hinüber und herüber. Die alten Besitzer sind lange tot, die Burgen verfallen. Nur die Türme stehen noch. In den Mauerritzen wohnen Spinnen und Eidechsen. Und da in der Nähe weder Bier noch Eis noch heiße Würstchen verkauft werden, kommen auch keine Touristen vorbei. Kein Wunder, daß sich die wilden Schlümpfe in den einsamen Türmen eingenistet haben. In dem einen wohnt der Kochschlumpf, im anderen der Trompetenschlumpf, die beide miteinander befreundet sind, aber eben durch die tiefe Schlucht und den reißenden Wildbach an gegenseitigen Besuchen gehindert werden. Bislang blieb dem Trompetenschlumpf nur die Möglichkeit, mit seiner Trompete von seinem Turm aus eine schöne Melodie zu seinem Freund hinüberzublasen, worauf sich der Kochschlumpf bei gutem Wind auf die Plattform seines Turms stellte und den Duft des in Butter gebratenen Rühreis hinübertragen ließ, der wieder dem Trompetenschlumpf lieblich in der Nase kitzelte.
Um ihre Not zu wenden, begannen die beiden Schlümpfe eines Tages eine Seilbahn zu bauen. Ein dickes Seil wurde mit viel Mühe durch die Schlucht gezogen und von einem Turm zum anderen gespannt. An diesem Seil sollte die Gondel mit dem Trompetenschlumpf herüberschweben. Der Trompetenschlumpf setzte sich auch gleich hinein und meinte, nun könne die Reise beginnen. Aber nichts geschah! – Seht das erste Bild oben auf der gegenüberliegenden Seite.
Nach langem Hin und Her und großem Nachdenken erkannten die beiden schließlich, was noch fehlte. Ein zweites, dünneres Seil wurde an der Gon-

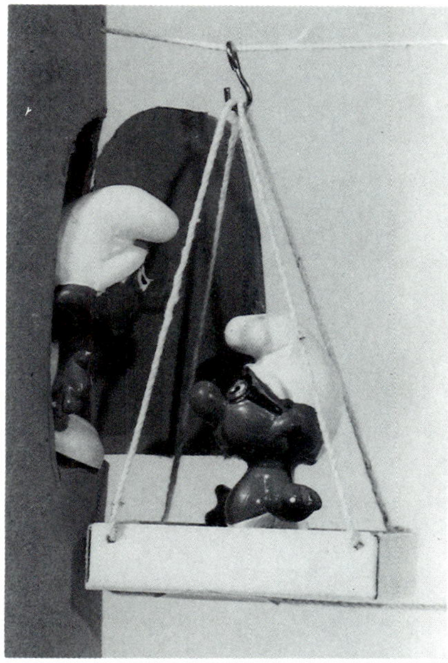

del befestigt. An diesem Seil wollte der Kochschlumpf die Gondel mit seinem Freund herüberziehen. Er legte auch gleich Kochlöffel und Pfanne beiseite und lehnte sich aus dem Fenster.

Nun wohnen ja die Schlümpfe mitten im Wald. Sie haben in ihren Wohnungen nicht Katzen und Meerschweinchen zum Spielen, sondern Eichhörnchen und Mäuse. Als nun der Trompetenschlumpf schon in der Gondel hockte und die Reise beginnen sollte, kam sein Tier gelaufen und wollte auch mitgenommen werden. Natürlich ging das nicht! Aber spätestens in diesem Moment erkannte der Trompetenschlumpf einen weiteren Fehler ihrer Konstruktion: Einmal beim Kochschlumpf drüben – war für ihn keine Rückkehr in seinen Turm mehr möglich. Seht das mittlere Bild oben!

Der langen Rede kurzer Sinn, die beiden Schlümpfe lösten auch dieses Problem. Wie sie es lösten, ist ihr Betriebsgeheimnis geblieben. Vielleicht verraten euch ja die Abbildungen einen Teil dieses Geheimnisses, so daß auch ihr jetzt Seilbahnen bauen könnt, die hin und her fahren können, auch draußen im Garten oder im Wald zwischen zwei Bäumen. Baut euch eine richtige Spielseilbahn mit einer richtigen Seilwinde, so daß sich damit auch schwere Lasten transportieren lassen, zum Beispiel eine große Tafel Schokolade, die Mutti heimlich in die Gondel legt. Es könnte auch etwas anderes sein, aber Schokolade ist für solche Zwecke immer gut!

Oben: Die beiden Freunde können sich zum erstenmal richtig begrüßen. Ganz wohl scheint es dem Trompetenschlumpf bei seiner luftigen Fahrt nicht gewesen zu sein.

Unten: Und so, mit einem freundlichen Winken mit dem Kochlöffel und einem lauten Trompetenstoß von der anderen Seite, begann die abenteuerliche Geschichte!

Ein Kran, – um eine Last zu heben

Einen Kran aus Holz zu bauen – ist keine Kunst! Wer Spaß an »kniffligen« Lösungen hat, baut einen funktionierenden Kran aus Papier. Denkt an die Brücke im vorausgegangenen Bastelvorschlag. Marion hat zum Verstellen des Auslegers einen besonderen »Stützhebel« erfunden, der durch einen Seilzug (mit Seilwinde im Turm) bedient und in der jeweiligen Lage gesperrt werden kann. Das Gegengewicht sitzt in dem Kasten hinter dem Turm. Der Kran kann auf dem schachtelartigen Podest gedreht werden. – Material: Farb- oder Aktendeckelkarton, Draht, Bindfaden.

So ein Hubwerk sollte drehbar und schwenkbar gebaut werden. Wichtigste Teile sind das stabile »Tragwerk« (Turmgerüst) mit dem langen, verstellbaren »Lastausleger« (Arm), der oft noch einen »Gegengewichtsausleger« auf der anderen Seite hat. Das »Gegengewicht« kann aber auch irgendwo unten sitzen. Auf das Gleichgewicht von Last und Gegengewicht kommt es wesentlich an, denn das Turmgerüst darf (wie ein Pfeiler) nur in senkrechter Richtung beansprucht werden. Dem Gleichgewicht dient übrigens auch das »Verstellen des Auslegers». Das ist, wie wenn sich der kleine Fritz und der dicke Franz auf eine Wippe setzen. Franz muß seiner Körperschwere entsprechend schon beträchtlich zur Mitte rutschen, wenn die beiden wippen wollen. Der leichte Fritz sitzt weit draußen. Schwere Last am kurzen

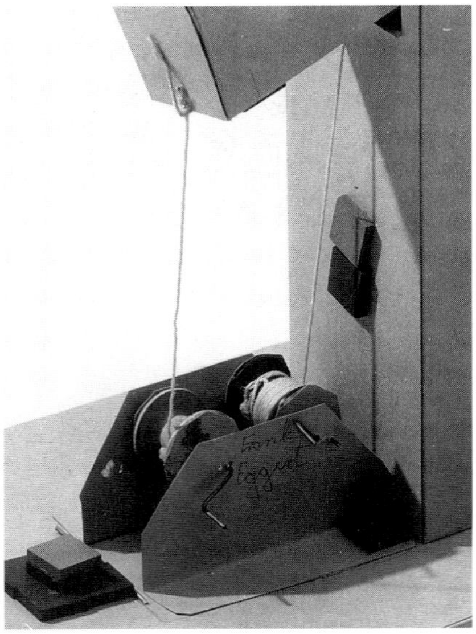

Frank baute ein sehr schönes Hubwerk mit einer außerhalb des Turms befindlichen Doppelseilwinde (für das Schließ- und Lastseil). Das Gerät ist ebenfalls drehbar.

Arm, leichte Last am langen Arm – immer gesehen bis zum »Drehpunkt«. Es gibt Kräne, die diese Einstellung durch eine »Laufkatze« am Lastausleger regeln. Andere stellen den Ausleger einmal weiter, einmal steiler, um die Last weiter oder dichter an das Traggerüst heranzubekommen. Wer meint, die Verstellbarkeit des Auslegers hätte nur etwas mit der Möglichkeit des Krans zu tun, weiter oder näher zu greifen, der ist auf einem Irrweg. Wenn der Kranführer unterschiedliche Entfernungen überwinden will, dann »fährt« er seinen Kran auf dem auf Schienen oder Rollen laufenden »Unterwagen«.

Das Verstellen des Auslegers im »Gelenk« kann durch eine Seilwinde erfolgen. Das Seil, das auf diese Weise ein Dreieck zwischen Turm, Ausleger und Seilwinde schließt, heißt »Schließseil«. Dem Lasttransport dient das »Lastseil«, das von einer zweiten Seilwinde ausgeht, über eine »Umlenkrolle« (hinten im Gegengewichtsausleger oder in der Turmspitze) zur »Kopfrolle« (vorn im Ausleger) läuft und mit einem schweren »Lasthaken« verknüpft ist. Der Lasthaken hat oft noch ein zusätzliches »Hakengewicht«, damit er auch ohne Last senkrecht nach unten hängt und nicht bei starkem Wind den Arbeitenden um die Köpfe baumelt.

Das wäre alles! – Ihr habt euch also um ein stabiles Tragwerk (Turmgerüst), einen verstellbaren Ausleger, den Seilzugmechanismus und das Anbringen eines Gegengewichts zu kümmern. Wollt ihr den Turm »drehbar« konstruieren, dann braucht ihr noch einen tragfähigen Drehzapfen, den »Königszapfen«, der so heißt, weil er so ziemlich die ganze Belastung auszuhalten hat (wie ein König, auf den alles zukommt!). In der untenstehenden Skizze könnt ihr euch noch einmal über alles orientieren!

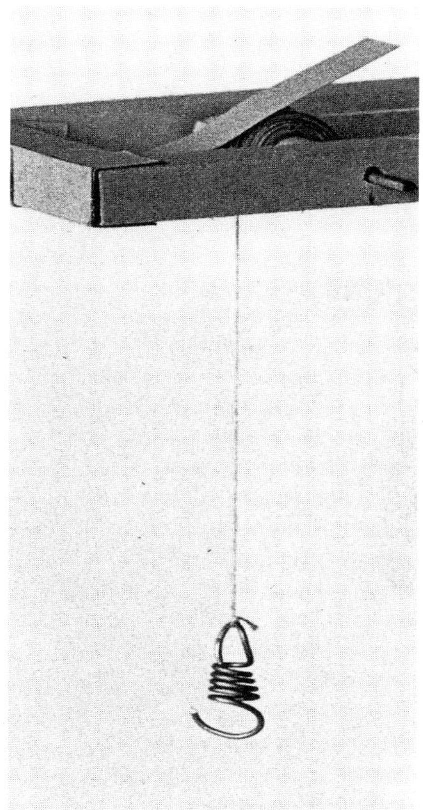

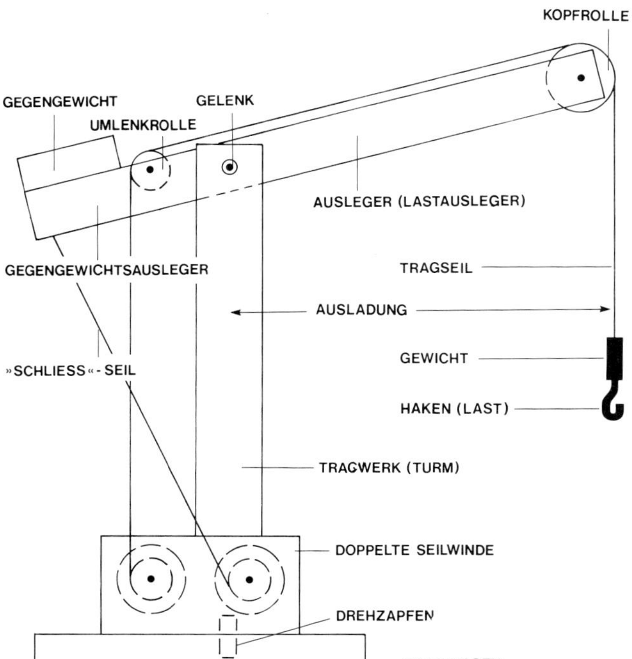

Oben: Kopfrolle mit Sicherung, damit das Lastseil nicht aus der Rille springt.
Unten: Ein auf Schienen gleitendes Kranwerk. Das Gegengewicht liegt hinten im Gewichtsausleger. Das Tragwerk ist so breit konstruiert, weil sich der Ausleger nicht verstellen läßt.

»Hilfe!« – »Wir kommen!«

Wo die mündliche Verständigung nicht mehr möglich ist, übermitteln Signale die Meldungen. Im Straßenverkehr gibt es Verkehrsschilder. Dem Lokführer wird der bis zu 1000 m lange Bremsweg des Zuges durch Vor- und Hauptsignale angezeigt. Fritz und Jürgen haben geheime Zeichen verabredet, für deren Übermittlung ganz andere Zeichengeber nötig sind.

Das Schild am Straßenrand halten wir für ein Verkehrszeichen. Es ist aber kein Zeichen an sich, sondern für den Autofahrer zunächst nur ein »Signal«. Zum Zeichen wird es erst in seinem Bewußtsein, wenn er erkennt, daß ihm damit jemand eine Information – Halteverbot! – übermitteln will.
Hier könnt ihr euch schon einmal das »nachrichten-technische System» vor Augen halten: Die Verkehrsbehörde – der »Sender« – stellt das Verkehrsschild auf. Praktisch »sendet« sie damit ein Dauersignal. Der Verkehrsteilnehmer – der »Empfänger« – nimmt es wahr und deutet es. Die Bedeutung muß bei der Verkehrsbehörde und beim Verkehrsteilnehmer (siehe Fahrschule!) gleichermaßen »gespeichert« sein. Zeichengebung funktioniert also nur, wenn Sender und Empfänger über das gleiche »Repertoire« (Bedeutungstabelle) verfügen.
Die Geschichte der Zeichengebung ist so alt wie die Geschichte der Menschheit. Ein alter Fall: Nach dem Sieg über den schrecklichen Minotaurus sollte Theseus bei seiner Rückkehr nach Athen die schwarzen Segel seines Schiffes mit weißen vertauschen. Er vergaß es und verursachte damit den Tod des Ägeus, der sich aus Verzweiflung über die vermeintliche Niederlage ins Meer stürzte.
Eine Situation, in der auch ihr einander Zeichen geben könnt, ist leicht zu finden. Fritz steht unten auf der Straße. Jürgen versucht ihm durch das geschlossene Wohnzimmerfenster eine Mitteilung zu machen. Fritz versteht nicht, weil er die Signale seines Freundes nicht deuten kann. – Oder: Eine Indianerhorde ist in ihrem Lager eingeschlossen. Eine andere befreundete Horde soll davon Kenntnis erhalten. Man versucht, aus der Umzingelung heraus einander (verabredete) Zeichen zu vermitteln.
Ein Zeichengeber muß über niedrige Hindernisse hinweg weithin sichtbar sein und vom Boden aus bedient werden können.

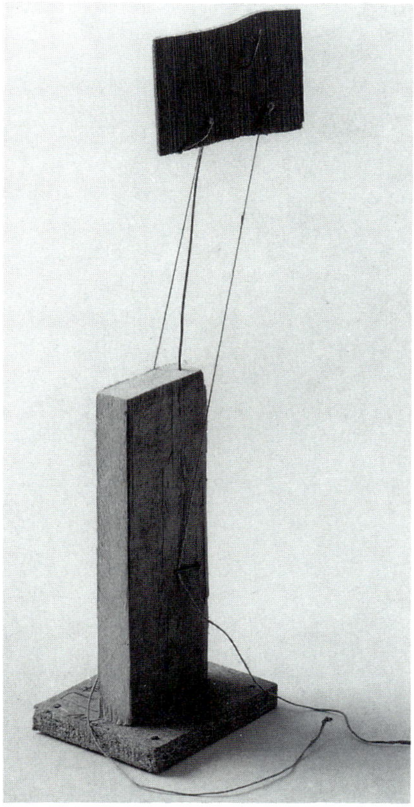

Das Zeichen kann auf verschiedene Weise signalisiert werden, durch Verstellen (hoch, tief – z.B. Fahne, Signalkorb, Signalarm), Wegklappen und Instellungbringen (Abbildung oben), Bewegung (Winkzeichen), Formänderung (Ball oder Kegel bei der Sturmwarnung an Meeresküsten), Verschieben oder Versetzen zweier oder mehrerer Form- und Farbflächen (Flaggenzeichen). Für die Bedienung sind Schub- und Zugstangen, Seilzug- und Hebelmechanismen usw. möglich.

Oben: Signalgerüst mit Seilantrieb zum Wegklappen der Signalscheibe. Ein Fallgewicht hinter dem unteren Scheibenrand bringt die Scheibe wieder in Sichtstellung. – Daneben: Zwei Entwicklungen unserer jungen Bastelfreunde (3. Schuljahr). Die Kinder hatten noch keine Erfahrungen im Umgang mit Werkzeug und Material.
Rechts: Eisenbahn-Hauptsignal »Fahrt frei«. Daneben der Stellhebel.

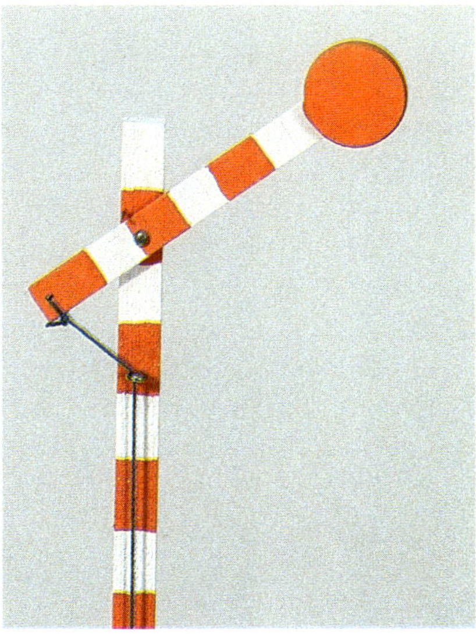
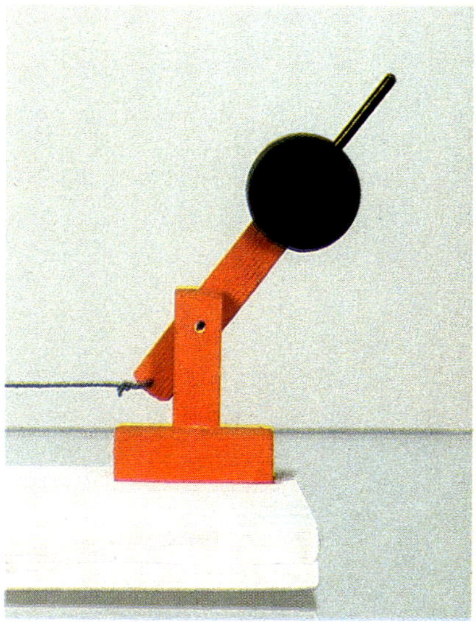

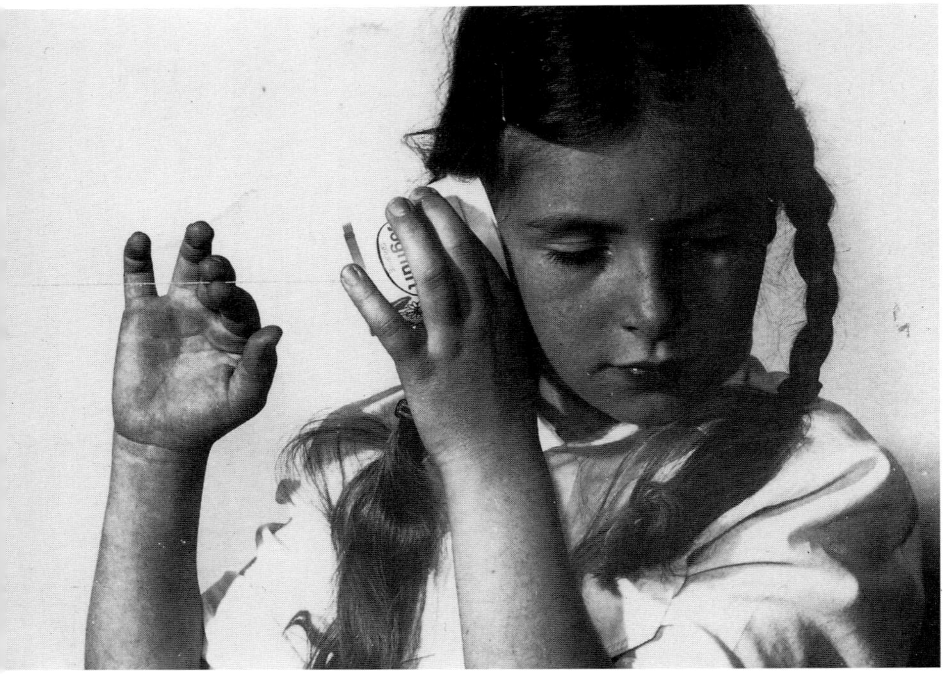

Anruf durch das Bindfaden-telefon!

Empfang im »Hörer«! – Auch leises Sprechen ist deutlich zu verstehen.

Das Spiel mit dem Bindfadentelefon ist eine ernstzunehmende Angelegenheit. Nicht nur, weil es großen Spaß bereitet, mit seinem Partner über eine gewisse Entfernung hinweg sprechen zu können, ohne ihn dabei direkt zu hören, – sondern auch, weil das Bindfadentelefon nach den gleichen Gesetzmäßigkeiten funktioniert, nach denen auch sonst in der Technik Schallschwingungen »gesendet« und »empfangen« werden.

So wird das Bindfadentelefon gebastelt

Besorgt euch zunächst zwei leere Joghurtbecher. In die Mitte des Bodens schmelzt ihr mit einem über einer Kerzenflamme erwärmten Nagel ein kleines rundes Loch. Einstechen ist nicht zu empfehlen, weil sich die Spitze dann meist so stark verklemmt, daß sie nur noch mit Gewalt herausgezogen werden kann. Durch das Loch wird nun von außen ein möglichst fester (wenig dehnbarer) und dünner Bindfaden gefädelt und innseitig mit einer Büroklammer verknotet, die den Faden am Zurückrutschen hindern soll. Wenn ihr so weit seid, kann auch schon telefoniert werden. Jeder Partner nimmt seinen Becher in die Hand. Der Faden muß straff gespannt gehalten werden. Einer kann jetzt in den Becher hineinsprechen, der benutzt ihn als »Sprechmuschel« (Mikrofon). Der andere kann in den Becher hineinhorchen. Ihm dient der Becher als »Hörmuschel«. Auch wenn jemand nur leise spricht, kann der andere jedes Wort deutlich verstehen. Der Becherboden des Sprechers gerät beim Einsprechen in Schwingungen, die genau den Tonschwingungen seiner Sprache entsprechen. Ihr könnt diese Schwingungen sogar fühlen, wenn ihr den Becherboden mit den Fingern leicht berührt. Der straffgespannte Bindfaden überträgt nun diese Schwingungen durch Zug auf den Boden des Hörerbechers, der dann im gleichen Rhythmus mitschwingt und so die Töne über die Luft im Becher an euer Trommelfell im Ohr weitergibt. So einen schwingenden Boden nennt

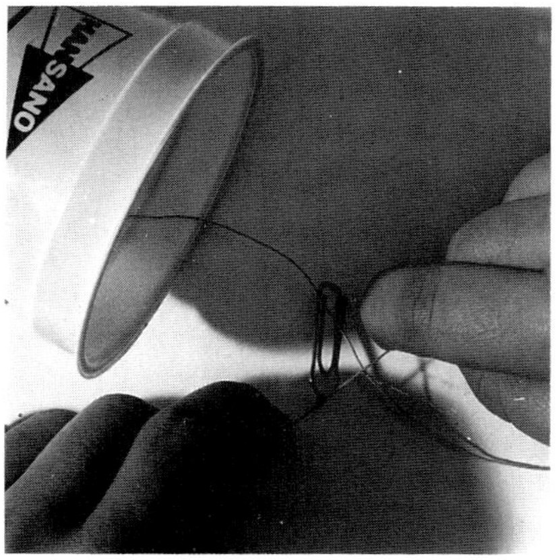

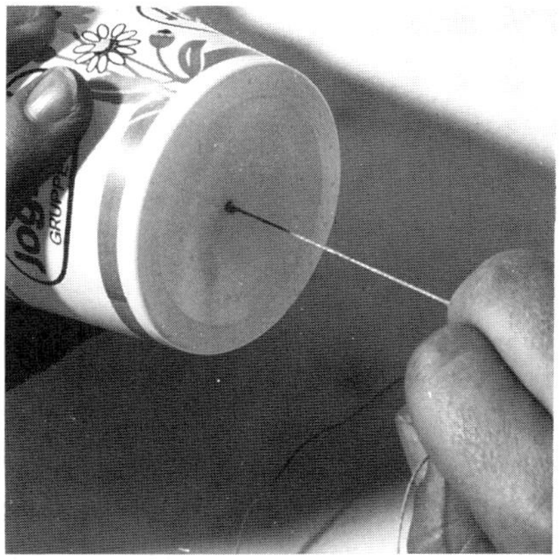

man »Membrane«. Ihr findet die gleiche Anordnung in jedem Kopfhörer oder Lautsprecher, nur daß dort die Schwingungen nicht durch einen Bindfaden, sondern durch elektromagnetische Impulse ausgelöst werden.
Wenn ihr den Bindfaden durch ein Schlüsselloch hindurchführt, gewinnt das Spiel an Spannung. Die Verständlichkeit wird jedoch beeinträchtigt, wenn der Faden ein Hindernis berührt.
Mit den Joghurtbechern könnt ihr höchstens bis 10 m Entfernung gut telefonieren. Größere Entfernungen (bis zu 50 Metern) erreicht ihr mit großen Blechbüchsen (z.B. Konservendosen), die ihr im Garten auch auf zwei Stangen nageln könnt. Die Stangen wiederum könnt ihr genügend tief in den Boden einschlagen. Bei so einer fest »installierten« Anlage braucht ihr dann auch nicht immerzu auf ausreichende Fadenspannung zu achten. Denn daran solltet ihr grundsätzlich immer denken: Das Bindfadentelefon funktioniert nicht, wenn der Faden nicht ausreichend straff gespannt wird.

Oben: Das Bindfadentelefon ist schnell gebastelt: In den Boden eines Joghurtbechers mit einem erwärmten Nagel ein kleines rundes Loch einschmelzen, – von außen einen langen dünnen Faden hindurchfädeln und innen an eine Büroklammer anknoten. Den Faden nach außen straff spannen.
Rechts: So wird in das »Telefon« hineingesprochen. Der Faden muß dabei straff gespannt gehalten werden, weil er ja sonst die Schwingungen der Sprechmembrane nicht zum Hörer weiterleiten kann.

Bei der oben abgebildeten Tuchmarionette (von Sylvia, 6. Schuljahr) wurde für den Kopf eine größere Styroporkugel mit der ungefähren Mitte eines leicht fallenden Tuches überspannt und am Hals abgebunden. Ein aufgesticktes Gesicht und eine schicke Frisur machen die Puppe zur Prinzessin, ein weißer Schleier zur Braut. Zwei der herabhängenden Tuchzipfel werden als Arme mit den Führungsfäden verbunden. Wer fragt bei dieser süßen Figur, die unheimlich leicht hüpfen und tanzen kann, noch – wo die Füße sind?

Marionetten!

Zwischen einem Kasperle-Theater und dem Marionettenspiel ist ein himmelweiter Unterschied. Während der Kasper sich ständig mit dem Teufel prügelt, mit viel Bewegung und Geschrei für die rechte Ordnung in der Welt sorgt, geht es unter Marionetten geradezu märchenhaft, geheimnisvoll und leise zu. Ihre eigentliche Sprache ist die Bewegung. Das Wort wird Nebensache. Darin liegen alle Schwierigkeiten, die zu lösen auch eure Aufgabe wird, sobald ihr euch in die geheimnisvolle Welt der tanzenden Fäden hineingewagt habt.
Zunächst: Während die Handpuppe unmittelbar von der Hand des Spielers dirigiert wird, bewegt die Marionette ihre Glieder durch gezogene Fäden, die an einem Spielkreuz in der Hand des Spielers befestigt sind. Keinem Menschen wird es auf Anhieb gelingen, eine solche Figur an diesen Fäden mit jener tänzerischen Leichtigkeit über den Teppich zu führen, deren sie fähig ist. Auch euch nicht! Dafür habt ihr einen um so größeren Spielraum, beim Basteln verborgene Zug- und Bewegungsmechanismen zu erfinden und Wirkungen zu erzielen, die kein Zuschauer für möglich halten würde.
Aber beginnen wir mit dem Einfachsten! – Als Maren (damals im 2. Schuljahr) ihre erste Marionette bastelte, hatte sie nur die Vorstellung: »Ein Tier, das laufen kann«. Ein Elefant sollte es werden. Zwei Käseschachteln wurden zum Körper gegeneinandergeklebt und über geknülltem Zeitungspapier kaschiert (siehe Seite 59). Dicke Sisaltauabschnitte ersetzten die Gelenke. Mit Papier umwickelt und kaschiert entstanden Beine. Rüssel und Schwanz wurden einfach mit grauem Filz umklebt. Filzlappen ergaben die Ohren. Die Anknüpfung der Fäden und das einfache Spielkreuz könnt ihr in den Abbildungen auf der gegenüberliegenden Seite sehen. Wenn der Spieler dieses Kreuz abwechselnd so schwenkt, daß die Kreuzarme in eine jeweils andere Schräglage geraten, dann kommen auch das linke oder rechte Beinpaar ins Schlenkern, was nicht nur drollig aussieht, sondern auch einen Vorwärtsgang vortäuscht. Durch weitere Fadenzüge lassen sich Rüssel und Schwanz heben und senken.

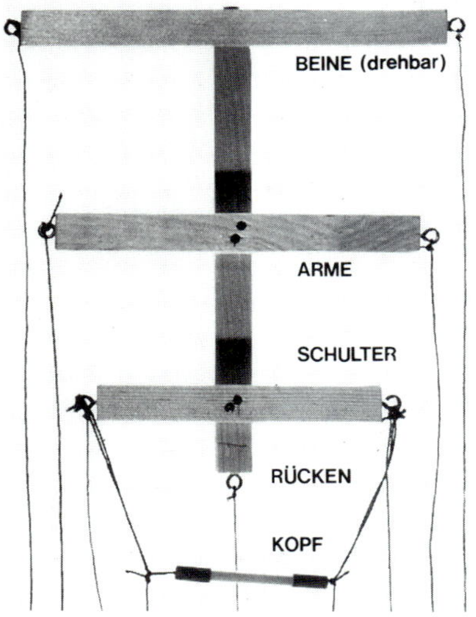

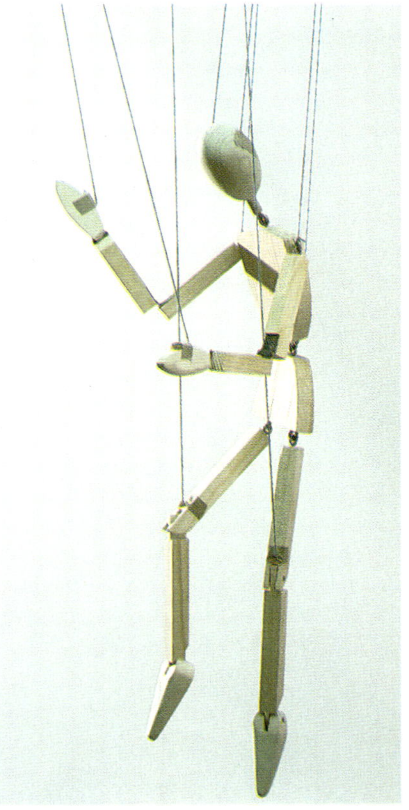

Oben: Kopf und Glieder aus Modelliermasse. – Mitte: Das Spielkreuz für die rechts abgebildete Marionette aus Vierkantleisten. – Ihr baut eine normal gegliederte Marionette nach einem Maßstab, der sich aus der sechsfachen Unterteilung der Gesamthöhe ergibt.

Der Kopf nimmt das ganze oberste Sechstel ein. Hände und Füße sind ebenso groß. Vom Nabel aus (Figurenmitte) zählen zwei weitere Sechstel bis Oberschenkelmitte (=Ende des herabhängenden Arms) und Unterschenkelmitte.

Felix, ein gutes Stück älter, baute ein raffiniertes Figurengerüst aus Vierkantleisten – mit Gelenken, die Beweglichkeit nach allen Seiten oder nur in eine Richtung erlauben (Kugel- und Klappgelenke). Hände und Füße sind aus Holz geschnitzt. Als Kopf mußte Großmutters Stopfei herhalten. Felix verzichtete darauf, seine Marionette zu bekleiden. Tatsächlich geht von dem bloßen Körpergerüst in seiner tänzerischen Gelöstheit eine unheimliche Faszination aus.

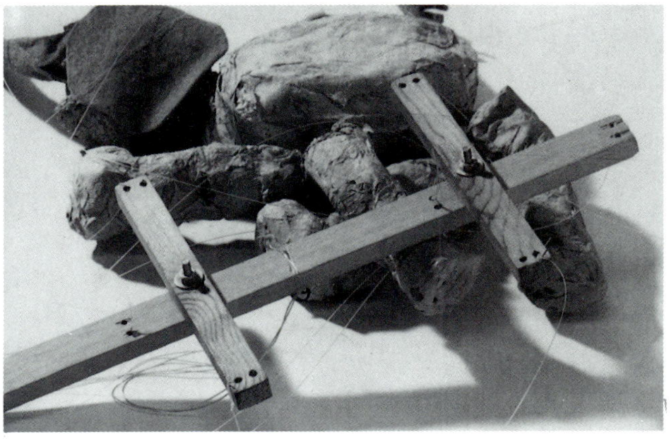

Maschinen mit Blasluftantrieb

Trinkhalme eignen sich nicht nur zum Einsaugen fruchtsafthaltiger Kaltgetränke an heißen Sommertagen, – ihr könnt euch damit auch »etwas« pusten! Der Luftstrom, der aus dem Ende des engen Röhrchens austritt, ist zwar nicht gewaltig, genügt aber zum Antrieb einer gut konstruierten Maschine.

Das »Prinzip« der Blasluftmaschine
Eine Maschine ist ein Mechanismus, dessen bewegliche Teile in einem stabilen Gestell gelagert sind, der an einem Ende angetrieben wird und am anderen Ende eine Arbeit verrichtet. Dazwischen liegt das Getriebe (siehe Seite 94). Demnach ist jede Maschine eine Vorrichtung, um Antriebsenergie in Arbeit umzusetzen.
Auch durch den Blasluftstrom, der aus eurem Trinkhalmröhrchen austritt, wird Energie frei. Sie kommt durch die Speicherkraft eurer Lungen und den Preßdruck eures Brustkorbs zustande. Diese freiwerdende Energie soll eine Arbeit verrichten – eine Fahne schwenken, einen Kolben stoßen oder auch nur einfach Lärm erzeugen. Klar ist, daß die durch den schwachen Luftstrom zu bewegende Maschine sehr leicht laufen muß und daß auch ihre Teile selbst nicht schwer sein dürfen. Außerdem müßt ihr über einen Antrieb nachdenken, an dem die schwache Blasluft aus dem Rohr gut angreifen kann. Das Ganze geht an euch als ein »Erfindungsauftrag«, womit ihr wieder einmal beweisen könnt, welch gute Konstrukteure ihr seid!

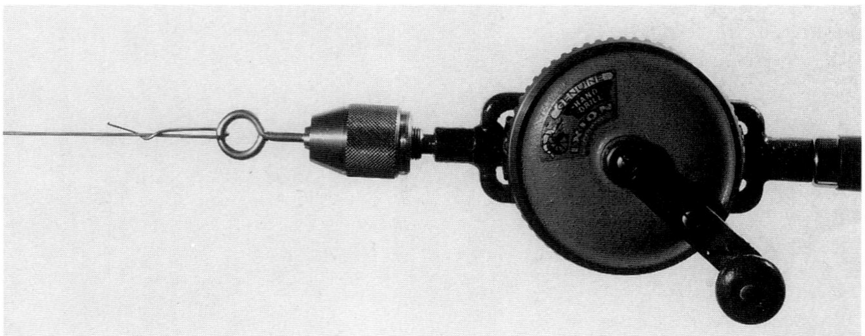

Links: Draht »drillen« mit der Handbohrmaschine. Den Draht irgenwo im Raum befestigen und in die Ösenschraube einhängen! Fest verdrehen! Auch das Bohrfutter muß gut angezogen werden. Beim Drehen der Maschine müßt ihr den Draht gespannt halten. Nur so kann er auch gerade werden.

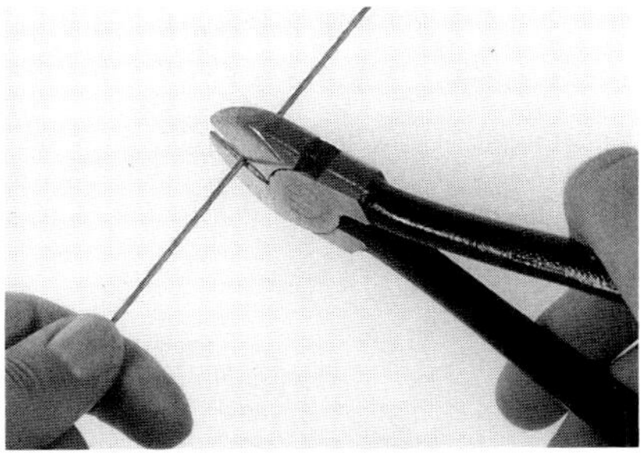

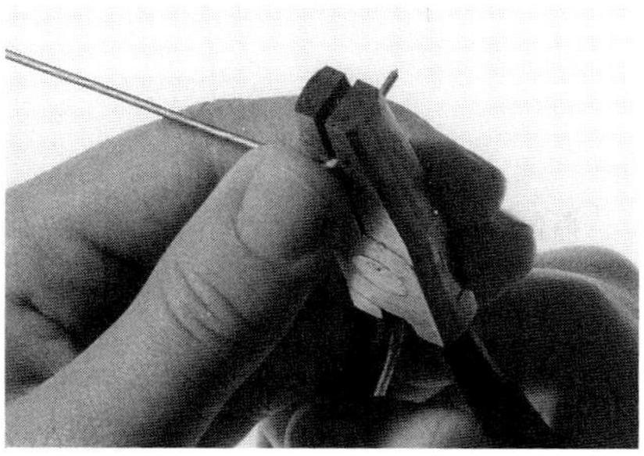

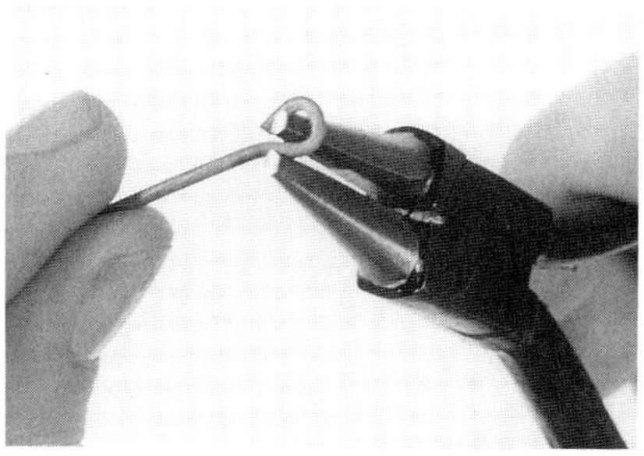

– und so wird gearbeitet!

Ihr braucht unbedingt: eine Flachzange (zum »Abwinkeln« der Drahtstücke), eine Rundzange (zum Ösenbiegen – z.B. als Lager für Schubstangen und Gelenkösen), einen Seitenschneider (zum »Ablängen« des Drahtes) und eine Handbohrmaschine zum »Draht drillen« und Vorbohren der Einstecklöcher in die Holzplatte. Dazu setzt ihr einfach einen kurzen Drahtabschnitt (als Bohrer) in die Bohrmaschine ein!

Brauchbar ist verzinkter Eisendraht in den Dicken 1,2 mm und 1,5 mm (in Werkzeuggeschäften zu bekommen).

Draht »drillen«: Der von der Rolle geschnittene Draht ist krumm und muß gerichtet werde. Eine Ösenschraube in die Handbohrmaschine einspannen (seht die Abbildung), Draht einhängen und fest (!) zusammendrehen – das andere Ende irgendwo im Raum befestigen. Der Draht kann bis zu 3 m lang sein. Dreht ihr an der Kurbel, dann wird auch der Draht in sich verdreht (»gedrillt«). Er wird dadurch stangengerade und zugleich ein wenig härter (elastischer). Wichtig ist, daß der Draht beim Drillen gespannt wird (während des Drehens kräftig an der Bohrmaschine ziehen)! Der Draht ist fertig, wenn er beim Nachlassen der Zugspannung schnurartig durchhängt. Gedrillten Draht sofort in handliche Längen schneiden und verbiegungssicher aufbewahren!

Der Maschinenbau beginnt mit dem Zurichten der Grundplatte und dem Einsetzen der (nicht zu hohen) Lagerstützen.

Oben: Arbeiten mit Seitenschneider, Flachzange und Rundzange. Beim »Abwinkeln« (nicht biegen!) mit der Flachzange ist der Draht mit dem Daumen um die rechtwinkelige Zangenkante zu drücken.

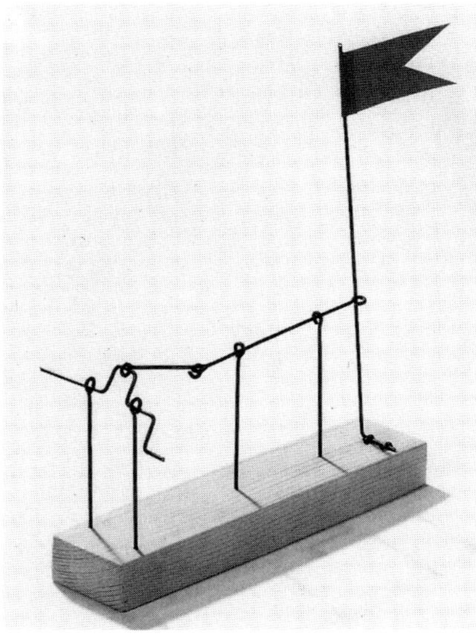

Mitte: Ein Maschinenmodell mit Kurbelwelle, Koppel, Schubstange und Schwinghebel (Fahne). Das Antriebsrad muß noch auf das freie Wellenende aufgesteckt werden. Rechts: »Krachmaschine«. Der umlaufende Doppelhebel schlägt gegen die schräggestellte Kartonfläche. – Daneben: Maschine mit doppelter Kurbelwelle und einfacher Schubstangenführung.

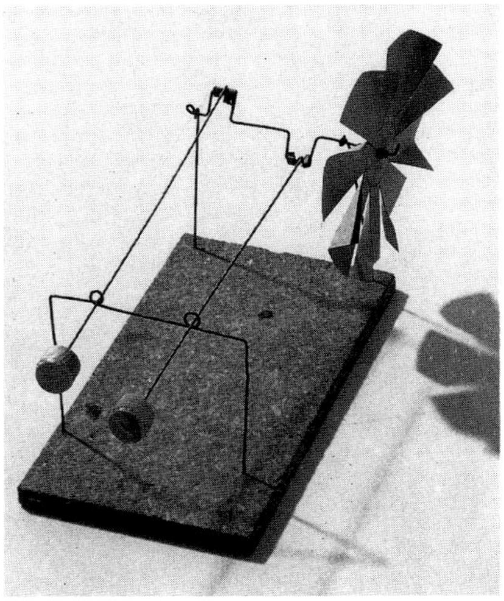

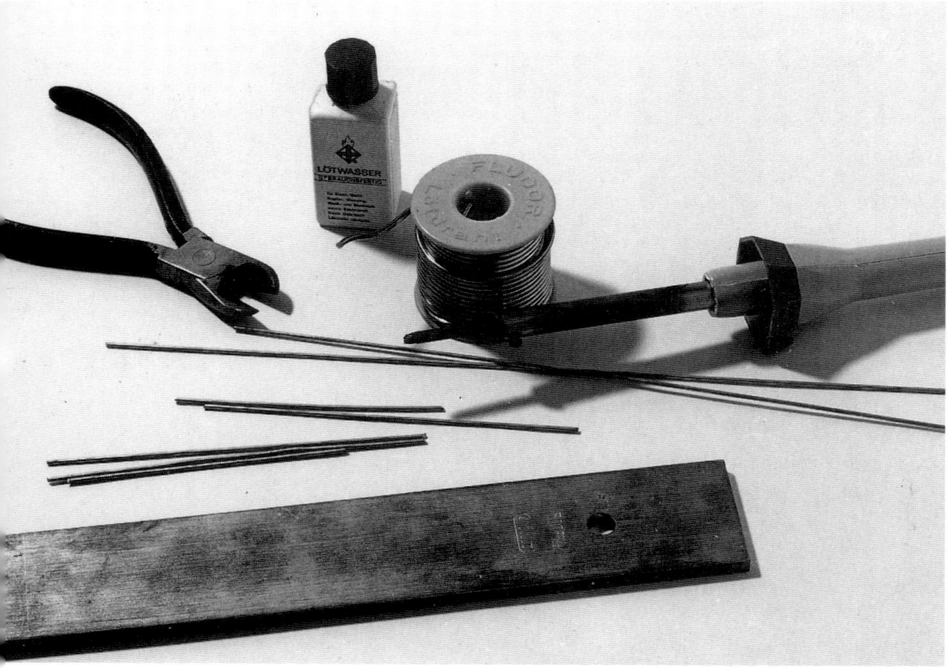

Wir lernen löten!

Ihr braucht einen elektrischen Lötkolben, 60 – 80 Watt, eine Rolle Lötdraht und etwas Lötwasser oder Lötfett. Einen Seitenschneider habt ihr schon! Das Stahllineal dient zum Beschweren und läßt sich durch einen anderen schweren Gegenstand ersetzen. – Der Umgang mit dem Lötwasser ist ungefährlich, wenn ihr es mit einem Pinsel oder Holzspan auftragt. Am Lötkolben verbrennt sich erfahrungsgemäß jeder einmal die Finger!

Richtiges Löten ist zunächst ein fortgesetzter Kampf gegen Metalloxyde. Das sind die oberflächigen Unsauberkeiten, die sich durch die Sauerstoffeinwirkung aus der Luft auf der Metalloberfläche bilden. Ihr braucht nur an den Rost oder an den grünen Belag auf Kupferdächern zu denken. Diese Oberflächenoxyde verhindern das Haften des Lötzinns. Sie müssen beseitigt werden. In der Regel feilt oder schleift man die Lötstellen ab, bis das blanke Metall sichtbar wird. Diese Stellen sollte man dann nicht mehr mit den Fingern berühren, weil sich durch den Handschweiß der Fingerabdrücke sofort neue Oxyde bilden.
Verzinkter Eisendraht ist leicht lötbar. Zieht ihr die Drahtlängen durch einen mit einem Scheuermittel getränkten Lappen (hinterher abspülen und trocknen lassen), dann habt ihr schon eine Menge getan. Sicherheitshalber pinselt ihr die Lötstellen später noch mit Lötwasser ein. Lötwasser ist säurehaltig. Es verhindert die Oxydbildung während des Lötens und bewirkt, daß das aufgeschmolzene Lötzinn gut fließt. Ein vergleichbares, säurefreies Flußmittel (Kolophonium) ist in geringer Menge schon im Lötdraht enthalten (in Stangenlot nicht, weshalb ihr dieses nie ohne Lötwasser oder Lötfett verarbeiten könnt). Die mit Lötwasser benetzten Stellen müssen nach dem Löten gründlich abgewaschen werden!
Wichtig ist ferner die Ruhigstellung der Werkteile. Löten ist nichts für Freihandartisten! Legt die zu verbindenden Drahtstücke übereinander und sichert sie in dieser Lage mit etwas Schwerem. Seht die Abbildungen! Der Lötkolben muß heiß sein. Damit erwärmt ihr zunächst die Lötstelle. Dann wird das Lot zugeführt. Es entsteht ein blanker Metalltropfen, der sofort – Wirkung des Lötwassers! – in die Zwischenräume der zu verbindenden Teile »einschießt«. Das Lot ohne Erschütterung erkalten lassen! Es versteht sich von selbst, daß das alles nicht gerade auf dem Tischtuch oder einer

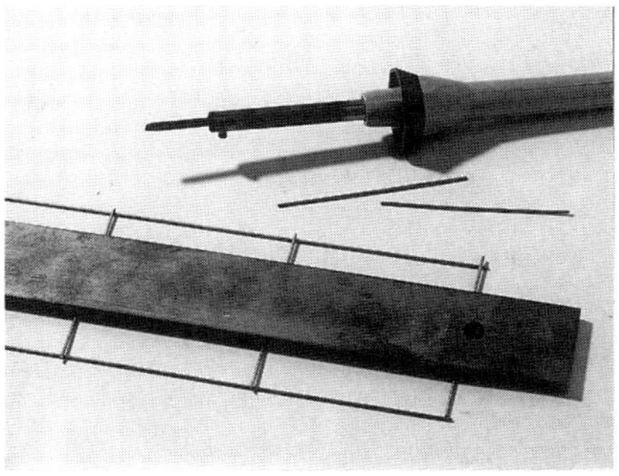

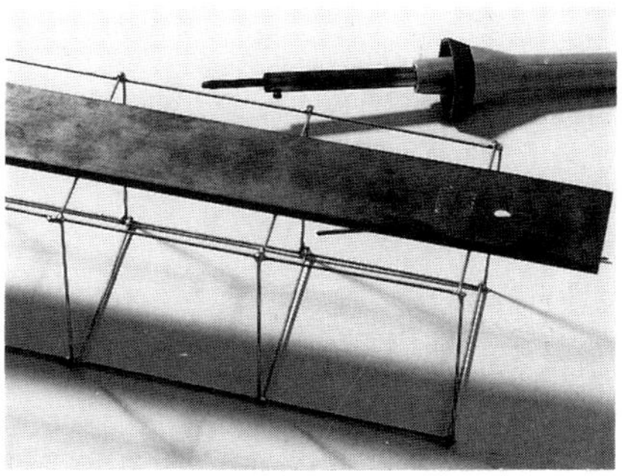

guten Tischplatte passieren darf. Einem alten Spanplattenzuschnitt schaden einige Sengstellen weniger.
Lötet nun erst einmal, was ihr wollt, – und sei es, daß ihr nur eben ein paar Drahtstücke wild miteinander verbindet. Das ist Lehrlingsarbeit, bei der ihr schon viele gute Erfahrungen machen könnt! – Ein hauptsächlicher Fehler ist, daß die Lötstelle vor dem Löten zu wenig mit dem Kolben vorgewärmt wird. Das flüssige Lot kommt auf den kalten Draht und erstarrt dort zu einem kugeligen Tropfen, der keine echte Verbindung mit dem Metall eingegangen ist. Solche Lötungen »kleben« nur. Sie halten nicht – man spricht von »kalten« Lötstellen. Ein anderer Fehler ist, die zu verbindenden Teile nicht ordentlich festzulegen. Wenn ein rundes Drahtstück beim Löten wackelt oder rollt, kann es keine feste Verbindung geben! Auch solltet ihr dem Lot Zeit zum Abkühlen lassen und nicht sofort probieren, »ob es schon hält«. Schließlich: Wenn ihr die mit Lötwasser versorgten Stellen nicht hinterher gründlich reinigt (warmes Seifenwasser, alte Zahnbürste), dann werdet ihr euch nicht lange an eurer Arbeit freuen können!

Diese vier Abbildungen zeigen, wie sich Werkteile vor dem Löten ruhigstellen lassen. Zum Beschweren dient ein Stahllineal. Die Holzklötze im mittleren Bild sorgen dafür, daß die Tragwerkwände im rechten Winkel zueinander stehen.

Wolfgang ist auf seinen Kranwagen besonders stolz. Der Kran wird von einer Doppelwinde aus bedient, – eine Winde für das Heben und Senken der Last, die andere zum Verstellen des Auslegers (seht Seite 113). Material: Verzinkter Eisendraht in Dicken von 1,2 oder 1,5 mm. Wie man den Draht »drillt«, ist im vorhergehenden Kapitel beschrieben worden.

Spiel »sichere Hand«

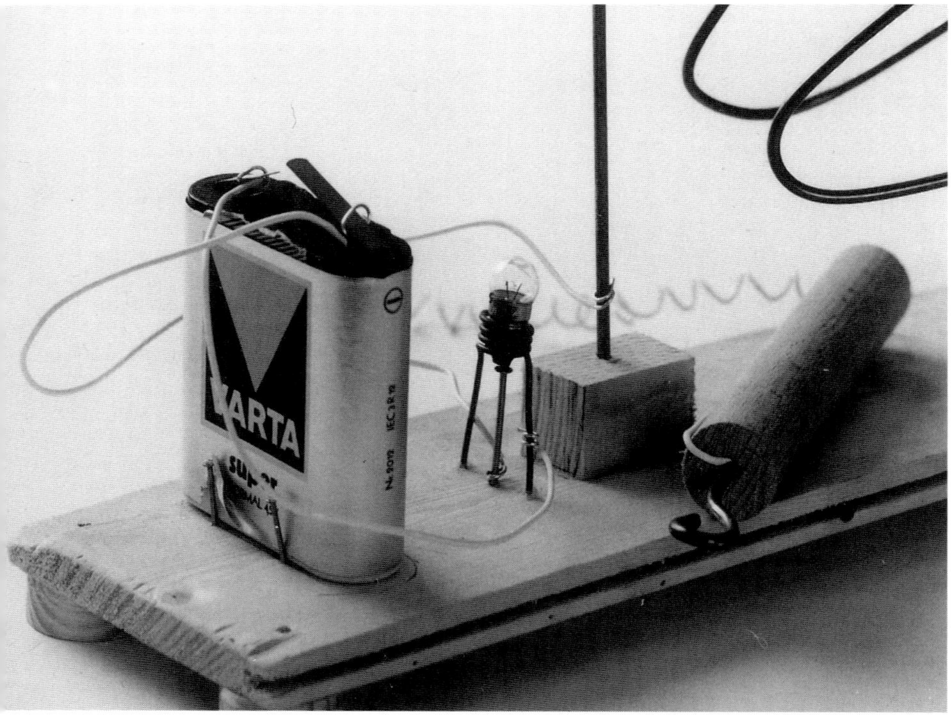

Ihr könnt auch fragen: »Wer hat die größere Ruhe?« oder »Wer hat die besseren Nerven?« Letzteres gilt, wenn ihr das Spiel eines Tages Vater und Mutter in die Hand drückt und sagt: »Hier, probiert mal!« Auf dem Bild könnt ihr sehen, daß Marianne den Griff mit der Drahtöse sorgfältig auf das Grundbrett gelegt hat. Warum, das werdet ihr sicher bald selbst herausfinden!

Für dieses »elektrotechnische« Spiel braucht ihr ein paar elektrotechnische Vorkenntnisse:

1. Eine Glühlampe leuchtet nur, wenn ihr Kontaktplättchen (am unteren Ende) und ihr Schraubsockel (das Gewindeblech) gleichzeitig mit je einem Pol der Batterie Verbindung haben.
   Statt Batterie sagen wir auch »Stromquelle«. Statt Verbindung sagen wir besser »Kontakt«.
2. Die Verwendung von Leitungsdrähten ermöglicht es euch, das Lämpchen auch in größerer Entfernung von der Stromquelle zum Leuchten zu bringen. Sind die Drähte fest genug angeschlossen (kein »Wackelkontakt«), dann könnt ihr sie sogar bewegen.
3. Das Ein- und Ausschalten des Stroms wird durch einen Schalter erleichtert. Den Schalter ersetzt ihr durch die Kontaktöse des Spiels.

Sicher könnt ihr aus einer Batterie, einer Glühlampe (mit Fassung), drei Leitungsdrähten und einem Schalter (es geht auch ohne, dann braucht ihr auch nur zwei Drähte!) einen funktionierenden »Stromkreis« aufbauen. Taschenlampenbatterie (4,5 Volt), Glühlämpchen und Fassung bekommt ihr in jedem Elektrogeschäft. Kauft auch gleich ein Stückchen Klingeldraht (das ist dünner, isolierter Leitungsdraht). Zum Abkneifen der Drahtstücke nehmt ihr nicht die Haushaltsschere, sondern eine Kneifzange (vielleicht habt ihr ja schon einen Seitenschneider, siehe Seite 121). Und natürlich könnt ihr nur blanken Draht elektrisch leitend anschließen. Ihr müßt also die Drahtstücke an allen Enden etwa 2 cm lang abisolieren, – das heißt, von der farbigen Kunststoffhülle – der »Isolation« – befreien. Am einfachsten macht ihr das mit dem Taschenmesser. Schneidet euch dabei aber nicht in die Finger!

So geht's auch!

Die blanken Drahtenden werden zu Haken und Ösen gebogen und an den Polblechen der Batterie und den Verbindungslaschen der Fassung befestigt. Das Leuchten der Glühlampe zeigt an, daß der Stromkreis geschlossen ist, – das heißt, daß in der Leitung »Strom fließt«. Leuchtet die Lampe nicht, dann fließt auch kein Strom. Der Stromkreis ist dann irgendwo offen!

Nun könnt ihr auch endlich mit dem Bau beginnen. Seht euch die Abbildungen an. Marianne und Johannes haben sich vom Schlosser 3 mm dicke Schweißdrähte schenken lassen. Das sind 1 m lange, gerade Drahtstäbe mit verkupferter Oberfläche. Man kann sie auch in den Werkzeuggeschäften kaufen. Die beiden haben diese Drähte mit der Hand so in Kurven gebogen, daß sie wie raffinierte »Berg und Tal«–Bahnen aussehen. Vorsicht: Nur offene Kurven biegen! Die Drahtwege dürfen sich also nirgends berühren. Anfang und Ende dieser Leitungsbahnen wurden so auf einem Brett befestigt, daß der gesamte Drahtweg »frei in der Luft« hängt. Laßt euch etwas Ähnliches einfallen!

Nun wird mit einem Stückchen Leitungsdraht ein Ende dieser Bahn mit einem Polblech der Batterie verbunden. Umwickeln genügt, – aber fest, sonst entsteht ein »Wackelkontakt«! Ein zweiter Leitungsdraht führt vom anderen Batteriepol zur Lampenfassung. Ihr seht in den Abbildungen, daß sich die Kinder diese Fassung aus Draht selbst gebastelt haben. Der Schraubsockel des Lämpchens sitzt in einer Drahtwindung, – das Kontaktplättchen trifft auf einen Nagel, von dem ein weiteres Drahtstück (das dritte, das ausreichend lang sein muß) zu einem ösenartigen Drahthaken führt, der an einem Rundholzstück (Griff) befestigt ist.

Ahnt ihr schon den ganzen Zusammenhang? – Richtig! Die hakenförmige Öse muß mit der Hand über die ganze gekurvte Schweißdrahtstrecke geführt werden, ohne daß es dabei zu einer Kontaktberührung mit dem Draht kommt. Mit jedem Kontakt (und wenn er noch so kurz erfolgt) wird der Stromkreis geschlossen, das Aufleuchten des Lämpchens signalisiert einen Minuspunkt.

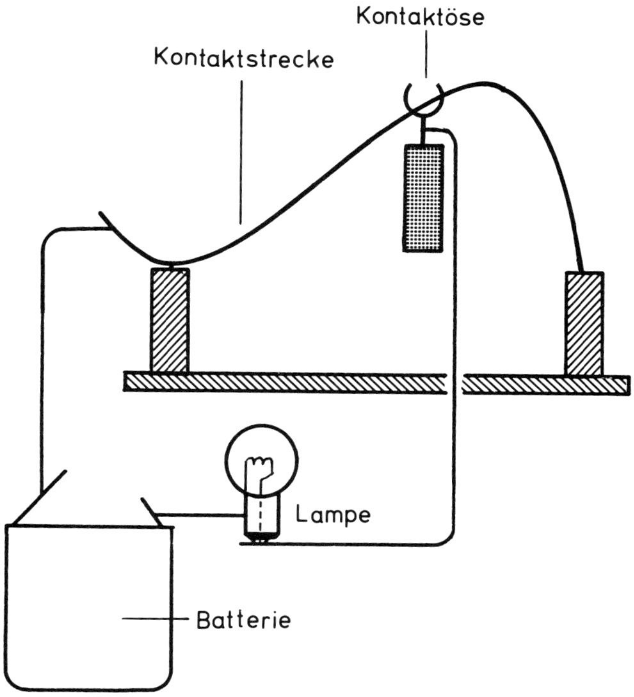

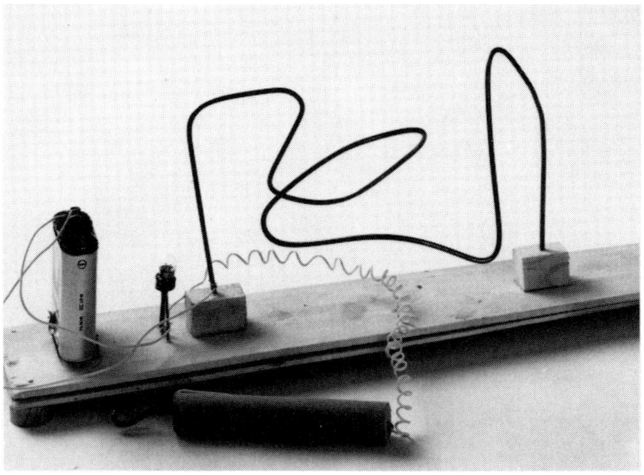

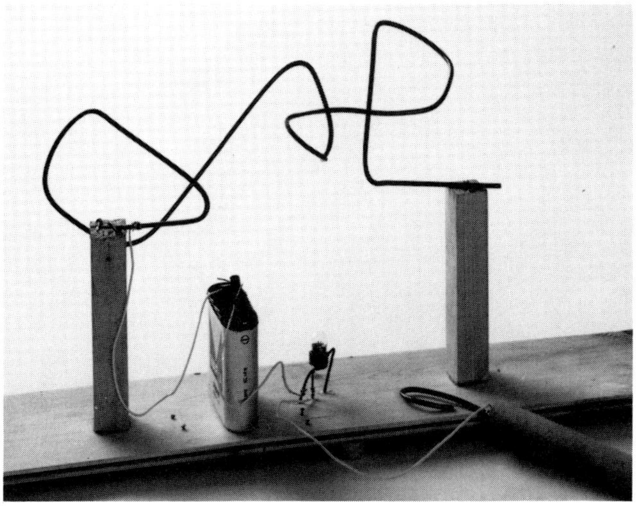

Oben: Das »Schaltbild«. – Darunter: Zwei fertige Spiele. Natürlich ist es leichter, mit einer großen (weiten) Kontaktöse zu spielen. Durch Engerbiegen läßt sich das Spiel schwieriger machen.

Das Elektroauto

Es rast nicht, es stinkt nicht, es lärmt nicht! Es macht höchstens ein lautes Hummelgebrumm (oder wie von einer großen Mücke). Es handelt sich also um ein sehr liebenswertes Fahrzeug, das sich außerdem noch erweitern läßt. Einen Betriebsschalter (seht den nächsten Bastelvorschlag!) könnt ihr selbst hinzu »erfinden«. Gut wären auch eine Lenkung und eine Beleuchtungsanlage.

Einen kleinen Elektromotor bekommt ihr billig im Spielwarengeschäft oder in den Verkaufsfilialen der bekannten Elektronik-Versandhäuser. Der kleinste genügt. Er sollte nicht mehr kosten, als Vati für eine Schachtel Zigaretten ausgibt. Wichtig ist die freie Welle (ohne aufgesetztes Treibrädchen) mit 2 mm Wellendurchmesser. Die Welle muß nicht so »überlang« sein wie in den Abbildungen. 8 – 10 mm genügen! Angetrieben wird dieser Motor durch eine 4,5 Volt-Taschenlampenbatterie.
Der Bau des Fahrzeugs bedarf keiner weiteren Erörterungen. Ihr könnt darüber in den Abschnitten »Fahrbarmachen« (S. 88-91), »Lenkung« (92/93) und »Zugmittelgetriebe« (S. 94 – 97) nachlesen.
Am besten beginnt ihr mit dem Zuschnitt einer Bodenplatte für das ganze Fahrzeug. Sperrholz, 4 – 6 mm dick. 12 mal 17 cm ist eine gute Größe. Ihr sollt ja auch noch die Taschenlampenbatterie liegend zwischen den Achsen unterbringen. Für die Aufbauten und Achsbefestigungen besorgt ihr euch am besten Leistenholz (Profil 10 oder 13 x 30 mm). Gute Winkelschnitte bekommt ihr – wie bekannt! – nur mit der Schneidelade.
Der Ausschnitt im Motorblock muß nicht kreisrund sein (mit der Laubsäge ausschneiden). Ihr könnt den Motor auch gut in einen eckigen Ausschnitt einklemmen. Wichtig ist allein, daß der Motor darin fest sitzt und mit der Welle im rechten Winkel zur Bodenplatte (d.h. parallel zu den Radachsen) steht. Wenn ihr den Motor schief einsetzt, läuft der Treibriemen von der Welle ab. »Kenner« sehen auf den ersten Blick, daß das Fahrzeug über ein Zugmittelgetriebe in Bewegung gesetzt wird. Als Zugmittel dient ein Verpackungsgummiring in geeigneter Größe. Es empfiehlt sich, diesen wie eine »8« zu verdrehen und dann doppelt aufzulegen. Auf diese Weise kommt »mehr Gummi« an die Antriebsfläche. Die »Antriebsscheibe« ist der blanke Wellenstummel (2 mm) am Motor. Ein Motor mit größerer Antriebs-

Oben: In das eine Laufrad müßt ihr eine Rille für das Zugmittel einarbeiten (einsägen, einfeilen). Als Beilagen zwischen Rad und Kasten eignen sich am besten Schraubenmuttern. Der Motor muß im Klemmholz festsitzen. Das Klemmholz selbst wird dann in geeigneter Stellung von unten an die Bodenplatte angeleimt.

scheibe würde die Geschwindigkeit des Fahrzeugs rasant erhöhen, ihr hättet dann wenig Freude damit beim Spielen. Als Abtriebsrad dient eines der vier Wagenräder (Querholzscheiben, 40 – 50 mm), in das ihr zuvor eine tiefe Laufrille einsägen (einfeilen) müßt.

Für die Batteriehalterung an der Fahrzeugunterseite solltet ihr selbst etwas erfinden. Für kurzen Betrieb könnt ihr die Batterie auch mit doppelseitigem Teppichklebeband ankleben. Oder ihr konstruiert eine Klemmhalterung aus Draht. – Solange ihr noch keinen Schalter habt, eignen sich Büroklammern an den Leitungsdrähten zum Aufstecken auf die Batteriepole.

So sieht das Elektroauto von unten aus! Christian hat sich aus zwei Leistenholzabschnitten und kurzen gedrillten Drahtstücken eine praktische Batterieklemmhalterung ausgedacht. Die kurzen (isolierten) Leitungsdrähte müßt ihr an die Kontaktstellen am Motor anlöten. Das Zugmittelgetriebe an der Außenseite läuft, sobald beide Büroklammern auf die Batteriepole aufgesteckt sind.

Wir erfinden einen Schalter

Die Leitung haben wir gelegt. Batterie und Motor sitzen in ihren Halterungen. Wir könnten zufrieden sein, müßten wir nicht immer wieder den Leitungsdraht am Batteriepol an- und abklemmen, wenn das Elektroauto fahren oder halten soll. Um diesem Mißstand abzuhelfen, erfand Benjamin den nebenstehend abgebildeten Schalter.

Der Schalter dient zum Schließen und Unterbrechen des elektrischen Stromkreises. Mit Draht lassen sich ausgezeichnete Schalter basteln.
Ihr braucht wieder den euch schon bekannten, 1,2 oder 1,5 mm dicken, verzinkten Eisendraht. Der von der Rolle geschnittene krumme Draht muß vorher gerichtet werden. Wie man das macht, könnt ihr noch einmal auf den Seiten 120/121 nachlesen. Der leichte Drall, den so gedrillter Draht aufweist, stört bei der Verarbeitung nicht. Die größere Härte (Elastizität) ist ein Gewinn und ist von unserer Experimentiergruppe (siehe die Abbildungen auf der gegenüberliegenden Seite) bei der Konstruktion der Schalter besonders genutzt worden.
Selbstverständlich arbeitet ihr wieder nur mit Flach- und Rundzange. Mit den bloßen Händen wird überhaupt nicht »gebogen«! Zum Abkneifen nehmt ihr den Seitenschneider (notfalls die Kneifzange). – Inzwischen sollte es euch schon gelingen, ein gerades Drahtstück ordentlich abzuwinkeln oder zur Öse zu formen (siehe Seite 121). Anfänger üben das zunächst an einem wertlosen Drahtstück. Der Draht darf nur dort verformt erscheinen, wo er den Winkel oder eine Kurve haben soll. Zufallsbiegungen (durch versehentliches Hantieren) haben keine Existenzberechtigung! Ringförmige Ösen oder Schlingen bekommt ihr, wenn ihr den Draht um ein entsprechend dickes Rundholz »wickelt«.
Daß auf den Abbildungen die Drahtleitungen überall winkelig liegen, hat einen einfachen Grund: Ein runder Draht kann nur schwer montiert werden, ohne daß er sich beim Hantieren unter der Krampe dreht. Erst das abgewinkelte Drahtstück liegt fest auf. – Die Krampen, mit denen die Drahtleitungen auf dem Holz befestigt sind, haben wir uns übrigens selbst hergestellt: Ein zunächst noch längeres Drahtstück mit der Rundzange U-förmig biegen und an den Enden mit dem Seitenschneider schräg abschneiden. Ihr könnt aber auch kurze Blaunägel (Kammzwecken) links und rechts so dicht in das Holz einschlagen, daß die Kopfkrempen der Nägel auf dem Draht aufliegen.

Konstruktionen unserer Experimentiergruppe:

a) Ein elastischer Klemmschalter. Zum Unterbrechen des Stromkreises wird der Griffbügel über den Stiftpol gehoben.

b) Gleiches Prinzip in Winkelführung.

c) Klemmschalter mit »Hakenkontakt« (Griffring unten anhängen!). Die Elastizität des Hebeldrahtes wurde durch die zusätzlich eingelegte Spiralfeder verstärkt.

d) Mit diesem Klemmschalter kann Janina zwei Lampen im Wechsel zum Leuchten bringen.

e) Ein »Schiebeschalter«. Nach dem Zurückziehen fließt der Strom durch den Bügel.

f) Bei einem »Drehschalter« wird der Strom durch einen seitlich an die Holzscheibe genagelten (oder geklebten) Blechstreifen geführt und von den elastisch anliegenden Schleifkontakten der Leitung abgenommen.

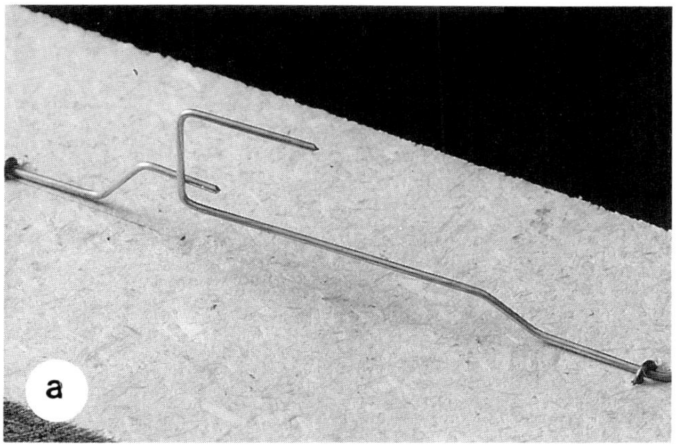

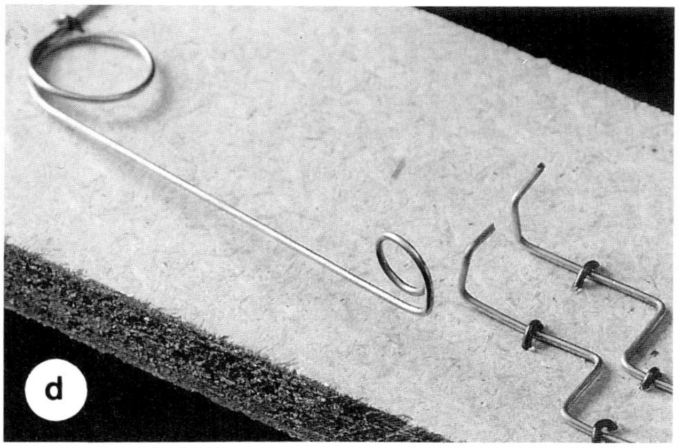

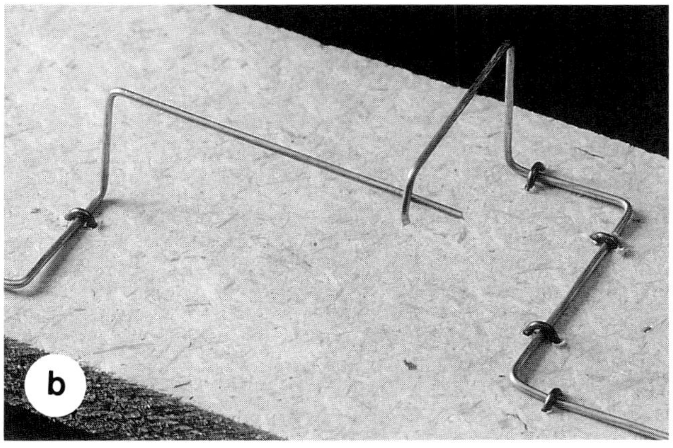

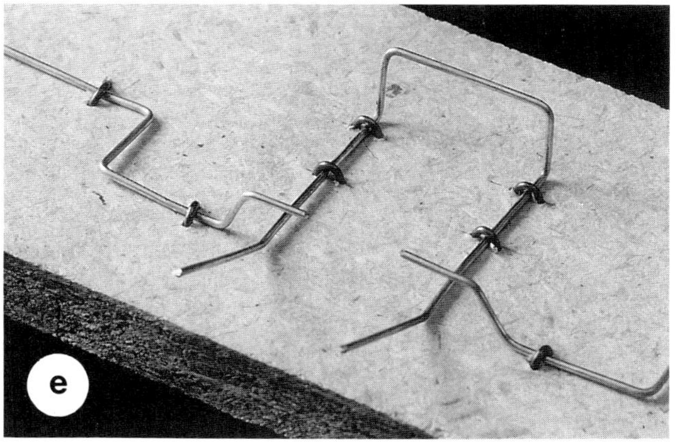

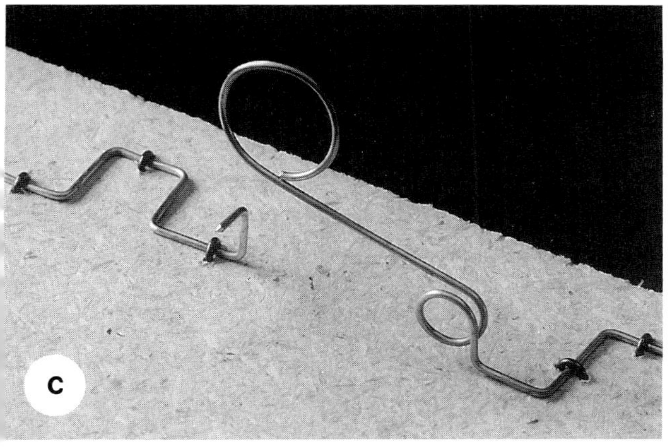

Mit einem Elektromagneten kann man viel machen!

Jemand klingelt an der Gartenpforte. Mutter kann die Pforte durch Knopfdruck aus der Wohnung heraus öffnen.
Auf einem Schrottplatz werden schwere Eisenteile mit einem Magnetheber vom Kran aufgenommen und an anderer Stelle wieder abgelegt.
Vater hat im Bastelkeller die Eisenschrauben und Messingschrauben durcheinander geworfen. Ihr könnt ihm mit eurem Elektromagneten helfen, denn der nimmt nur die Eisenschrauben auf. Die Messingschrauben läßt er liegen.
Es wird euch sicher überraschen, wie schnell und leicht ihr euch so ein praktisches Werkzeug basteln könnt. Aber beim bloßen Basteln soll es hier nicht bleiben. Daß der Elektromagnet mehr kann, als nur einen Haufen heruntergefallener Nägel aufzunehmen und in eine daruntergehaltene Schachtel fallen zu lassen, zeigen euch die Abbildungen auf den nächsten Seiten. Sicher werden sie euch zu noch anderen Überlegungen anregen.

Zunächst ein bißchen Physik!
Verbindet man die beiden Pole einer Taschenlampenbatterie mit einem Leitungsdraht, so fließt in diesem ein elektrischer Strom. Gleichzeitig baut sich um den Draht herum ein schwaches Magnetfeld auf.
Die Entdeckung, daß der Strom auch eine magnetische Kraft erzeugt, wird dem dänischen Professor Oerstedt zugeschrieben. Das soll im Jahre 1820 gewesen sein. Als er mit seinen Studenten das Warmwerden eines stromdurchflossenen Leiters erprobte, lag zufällig auf der Tischplatte in nächster Nähe ein Kompaß. Jedesmal, wenn der Strom eingeschaltet wurde, bewegte sich die Kompaßnadel.
Im gleichen Jahre wies der französische Physiker Ampère nach, daß sich die magnetische Kraft um den stromführenden Draht herum nach allen Seiten ausbreitet, – und Arago entdeckte, daß sich die magnetischen Wirkungen nebeneinander liegender isolierter Drahtschlingen verstärken.
Bald konnte man mit Hilfe stromdurchflossener Spulen Stahlstangen dauernd magnetisch machen. Man erkannte aber auch, daß sich Weicheisen im Unterschied zu hartem Stahl leichter magnetisieren läßt, – und daß es

sofort seine Magnetkraft wieder verliert, wenn man den Strom abschaltet.

Dieser Ausflug in die Geschichte des Elektromagneten führt euch vor Augen, welche vielfältigen Vorentdeckungen in die anscheinend so »einfache Angelegenheit« eingegangen sind: In einem langen Draht muß Strom fließen. Dann baut sich um den Draht herum ein Magnetfeld auf. Dieses verstärkt sich, wenn man den Draht in viele, voneinander getrennte (isolierte) Windungen legt. Einen solchen in Windungen liegenden Draht nennt man »Spule«. Der von einer stromdurchflossenen Spule erzeugte Magnetismus läßt sich in einem »Magnetkern« sammeln. Das ist ein Eisenstück, das durch die Spule hindurchgesteckt wird. Aber nur in weichem Eisen läßt sich die Magnetkraft ein- und ausschalten.
Nun werdet ihr fragen, wie sich »weiches Eisen« vom harten Stahl unterscheiden läßt. Die Antwort ist einfach: Jedes Eisendrahtstück, das man biegen kann, und jeder Nagel, der sich krumm schlagen läßt, besteht aus weichem Eisen. Im Unterschied zum elastischen Federstahl oder zum harten Stahlnagel (für Betonwände), der beim schrägen Zuschlagen mit dem Hammer bricht. In der Regel sind auch Holzschrauben aus weichem Eisen.

Oben und unten: Eine einfache Alarmanlage mit zwei voneinander getrennten Stromkreisen. Das leuchtende Lämpchen zeigt an, daß die Anlage in Betrieb ist. – Schließt nun jemand – z.B. durch heimliches Öffnen einer gesicherten Tür – den Spulenstromkreis, so wird der lange Blechanker vom Spulenkern (zwischen den beiden quadratischen Brettchen) angezogen. Er berührt die Kontaktstelle des Alarmstromkreises, der dadurch geschlossen wird. Der Strom fließt jetzt vom Pluspol durch den anliegenden Teil des Blechankers und über das Lämpchen zum Minuspol der Batterie. Das Betriebslämpchen erlischt, und das Warnlämpchen (in der Brettmitte) leuchtet auf.

Nikolaus sagt zu dieser Modellanlage: »Im Ernstfall würde ich auf das Betriebslämpchen verzichten, weil es die Batterie zu stark beansprucht. – Oder ich würde an Stelle der Batterie ein Stecker-Netzgerät mit Einstellung auf 4,5 Volt verwenden, das dann für den Dauerbetrieb in der Steckdose verbleiben könnte. Einstellbare Stecker-Netzgeräte sind sicherheitsgeprüft und daher ungefährlich. Es gibt sie in jedem Elektronikgeschäft.«

Das Warnlämpchen in der vorseitigen Alarmanlage läßt sich natürlich auch durch einen »Tongeber« (ein akustisches Signal) ersetzen. Oder – ihr legt von einem Batteriepol aus einen langen Leitungsdraht, möglichst mit einem Druckschalter, dann kann euch Mutter schon vom Flur aus signalisieren, daß ihr zum Abendbrot kommen sollt. Die Abbildungen auf der gegenüberliegenden Seite unten zeigen euch noch zwei Lösungen dieser reizvollen Aufgabe.

Die Herstellung eines Elektromagneten

Ihr braucht nur einen großen Nagel oder eine Holzschraube (beide bestehen aus weichem Eisen) mit mehreren Metern isoliertem Draht zu umwickeln. Über das scharfe Gewinde der Holzschraube legt ihr besser zunächst eine dünne Schonlage aus Papier. Schließt ihr nun die beiden Drahtenden an eine 4,5 Volt-Batterie an, dann wird der Nagel oder die Holzschraube (der »Magnetkern«) zum Sammelort der durch die Windungen erzeugten elektromagnetischen Kräfte.
Es ist also ratsam, möglichst viele Windungen um den Nagel zu legen, was sich wiederum besser mit einem dünnen, lackisolierten Draht machen läßt, weil dann auch die Schlingen den Nagel dichter umgeben. Lackisolierten Kupferdraht (»Kupferlackdraht«, 0,3 – 0,5 mm dick) bekommt ihr in jedem Elektronikgeschäft. Er hat äußerlich eine kupferähnliche Farbe, was euch nicht dazu verführen sollte, diese Farbschicht schon für das blanke Metall zu halten. Es ist die Isolation! – Ihr müßt also die Drahtenden vor dem Anschließen an die Batterie mehrmals kräftig durch ein Stück gefaltetes Schmirgelpapier ziehen, bis das wirklich »blanke Metall« zum Vorschein kommt. Sonst fließt kein Strom!
Damit die Windungen nicht vom Nagel oder von der Schraube herunterfallen, empfiehlt es sich, die Spule durch Querholz- oder Pappscheiben zu begrenzen. Es darf zwar wie auf einer Garnrolle hin und her, aber stets nur im gleichen Sinn gewickelt werden. Gegenwicklungen heben die Wirkung vorheriger Wicklungen wieder auf. Also – keine Umkehrschlaufen!
Wenn geringe Ankergewichte (kleine Nägel) nach dem Abschalten des Stroms noch eine Weile kleben bleiben, dann liegt das an der sogenannten »Remanenz« des Eisens, einem Restmagnetismus, der sich erst nach einiger Zeit abbaut. Schwere Ankergewichte fallen sofort ab.
Stärkere Magneten bekommt ihr durch Erhöhen der Windungszahl. Der auf

Seite 130 abgebildete »Magnetheber« wurde mit etwa 15 m einfachem Leitungsdraht (sog. »Klingeldraht«) gewickelt. Ihr seht, daß dieser Draht »kunststoffummantelt«, also isoliert ist. Als Kern dient eine lange Holzschraube. Die Holzscheiben oben und unten sollen nur den Zusammenhalt der Spule sichern. Dieser Elektromagnet ist in der Lage, eine 14 cm lange Haushaltsschere (60 g) zu tragen. Kunststoffummantelter Leitungsdraht ist allerdings nur begrenzt brauchbar. Die dicke Ummantelung stört, weil dadurch die Windungen nicht eng genug anliegen und schnell einen zu großen Durchmesser bekommen.

Der »Unterbrecher« (siehe Abb. rechts)
Wenn ihr die Spule probeweise an eine Batterie anschließt, könnt ihr die Entfernung feststellen, aus der der Magnet das Ankerblech noch anzieht. In dieser Entfernung wird ein federnder Arm aus Blech vor der Spule montiert. Das eine Ende des Spulendrahtes wird an diesem Ankerblech leitend befestigt (am besten angelötet). Rückseitig berührt das Ankerblech einen verschiebbaren Kontaktstift (oder eine drehbare Kontaktschraube). Die Verbindung in diesem Teil der Leitung führt also von der Spule über das Ankerblech und den Kontaktstift zur Batterie. Das andere Ende der Spulenwicklung wird direkt am anderen Batteriepol angeschlossen.
Sobald das geschehen ist, beginnt der Unterbrecher zu arbeiten: Der Elektromagnet zieht den Blechstreifen an. Dadurch wird die Berührung mit dem Kontaktstift unterbrochen. Die Folge ist, daß auch das Magnetfeld in der Spule sofort zusammenbricht und der Anker wieder zurückschwingen kann. Dort stößt er wieder an den Kontaktstift, was den Stromkreis wieder schließt und den Elektromagneten in Gang setzt. Und so fort! – Weil durch das schnelle Hinundherschwingen des Ankers ein Summton entsteht, nennt man einen solchen Unterbrecher auch »Summer«. Lötet ihr an das obere Ende des Ankerblechs eine Verlängerung, so kann diese auch gegen einen Hohl- oder Klangkörper schlagen.

Für das Funktionieren des Unterbrechers ist vor allem die Einstellung des Kontaktstiftes wichtig. Es muß für das Ankerblech ein kleiner Bewegungsspielraum bleiben. Manchmal oxydiert die Stelle, wo zwischen Kontaktstift und Anker ein Schließfunke überspringt. Dann ist der Kontakt gestört, und die Stelle muß mit Sandpapier blankgerieben werden.

Susanne hat aus 5 mm dicken Styroporstückchen weihnachtliche Dekorationsformen gebastelt. Die Teile wurden mit der auf Seite 137 beschriebenen Kreisschneidevorrichtung zugeschnitten und mit Styroporkleber übereinandergeklebt. Lösungsmittelhaltige Kleber könnt ihr nicht verwenden! – Bemalung mit Plakatfarben.*

Basteln mit Styropor

Styropor ist ein ausgezeichnetes Material zum Basteln! Ihr kennt es als den federleichten, beim Brechen körnig zerbröckelnden, weißen Verpackungskunststoff, den es im Handel auch in Plattenform (Platten in verschiedenen Dicken) zu kaufen gibt. Styropor kann gesägt, gefeilt, mit Sandpapier geschliffen, geleimt, geklebt und überhaupt so wie Holz behandelt werden. Styropor ist vollkommen wasserfest, aber gegen Aceton und Benzin sehr empfindlich. Von acetonhaltigen Klebstoffen (UHU, PATTEX u.ä.) wird es praktisch »aufgefressen«. Mit weißem Tischlerleim und speziellem Styroporkleber läßt es sich gut leimen und kleben.
Bei starker Erwärmung schmilzt Styropor. Das brachte die Techniker auf den Gedanken, zum Zerschneiden der größeren Styroporplatten besondere »Heißdrahtschneider« zu entwickeln, die elektrisch erwärmt werden. Einen solchen Styroporschneider zum Zuschneiden vieler Styropor-Bastelteile könnt ihr euch selbst bauen.

Herstellung eines Styroporschneiders

Ihr braucht dazu:

a) einen Spielzeugtrafo (»Autobahntrafo»), regelbar zwischen 3 Volt und 7 oder 12 Volt und mit einer Stromabgabe nicht unter 1 Ampère, besser max. 3,5 Ampère. Diese Angaben sind auf dem Leistungsschildchen des Trafos vermerkt.

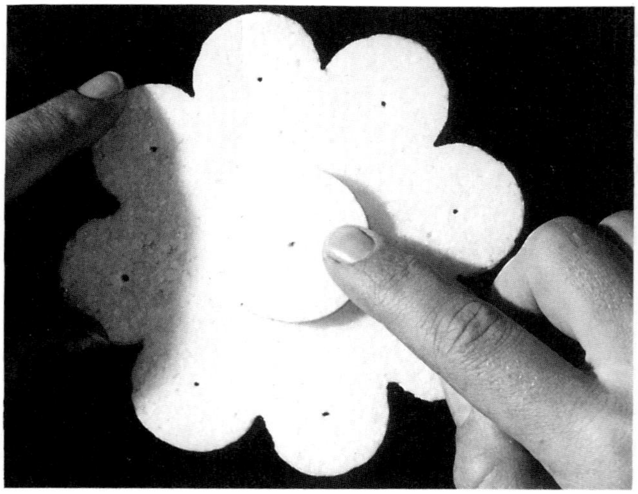

Ihr findet dieses Schildchen entweder aufgeklebt oder in das Kunststoffgehäuse des Trafos eingeprägt. Es steht dort zum Beispiel:

»Prim. 220 V, – Sec. 3–7 V, max. 3,5 A«

»Prim.« (Primärseite) heißt »Eingangsspannung«. Damit sind die 220 Volt aus der Steckdose gemeint, an die ihr den Trafo anschließt. Der Trafo verträgt also eine Eingangsspannung von 220 Volt.
»Sec.« (Sekundärseite) heißt »Ausgangsspannung«. Der Trafo »transformiert« also die starke Stromspannung von 220 Volt in ungefährliche 3 bis 7 Volt, die ihr der Autobahn oder dem Heißdrahtschneider zuführt.
»Max.« (maximal) heißt »höchstens«. – »A» heißt »Ampère«. Damit wird die Stärke des Stroms bezeichnet, den euer Trafo im Höchstfall abgibt.
Die Ampère-Angabe ist wichtiger als eine hohe Voltzahl. Ihr dreht später den Trafo doch auf die kleinste Spannung von 3 Volt zurück und kämt auch mit der Hälfte – 1,5 V – gut aus.
Die Stromstärke sollte aber nicht unter 1 Ampère liegen. Es gibt zum Beispiel kleine, regelbare Spielzeugtrafos mit einer Stromabgabe von 0,6 Ampère (Schildchenaufdruck: »0,6 A«), die nicht zu empfehlen sind. Ebenso ungeeignet sind die in den Elektrogeschäften billig erhältlichen »Klingeltrafos«, obwohl diese für 1 Ampère (1 A) gekennzeichnet sind. Diese Klingeltrafos sind nicht für Dauerbelastung gebaut (den Klingelknopf drückt man immer nur kurz). Beim längeren Styroporschneiden werden sie heiß und gehen kaputt.

b) einen Laubsägebügel,
c) ein Stück Widerstandsdraht, 0,4 bis 0,6 mm dick (Minispule aus dem Elektronikgeschäft),

und wenn Vater euch hilft:
eine beidseitig kunststoffbeschichtete Holzplatte, etwa 50 cm x 30 cm groß, dazu passende Stützleisten, so lang wie das Brett und etwa 5 cm hoch (seht die Abbildung auf der nächsten Seite!) sowie Schrauben und Schellen zum Befestigen des Laubsägebügels an der Plattenunterseite.

Aber schon mit dem Laubsägebogen allein könnt ihr Styropor schneiden. Wie dieses einfache Gerät funktioniert, zeigen euch die Abbildungen auf der nächsten Seite. Und so wird der Styroporschneider zusammengebaut: Widerstandsdraht mit dem einen Ende wie eine Laubsäge direkt in den Laubsägebügel einspannen.

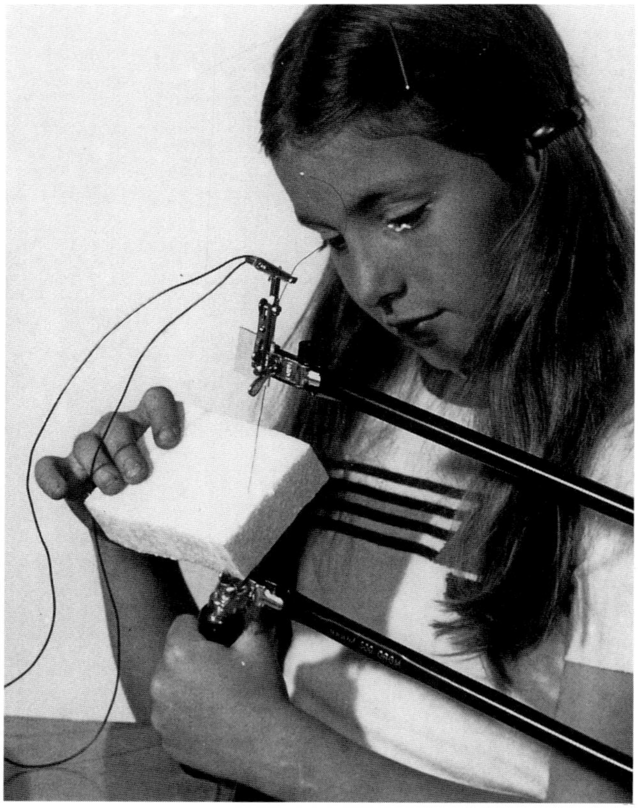

Das andere Ende zwischen einem gefalteten Kartonstückchen (zur Isolation!) einklemmen (siehe die Abbildung unten). Nun die eine Krokodilklemme vom Trafo an die Flügelschraube des Laubsägebügels, die andere an das freie Drahtende anhängen. Damit ist der Stromkreis geschlossen. Der Strom fließt nun aus dem Trafo durch die Flügelschraube in den Laubsägebügel, durch diesen über den Direktanschluß in den Draht und durch die zweite Krokodilklemme zum Trafo zurück. Da der Widerstandsdraht »schlecht leitet«, kommt es in diesem beim Durchfließen des Stroms zu einer gehörigen Erwärmung, worauf das Ganze ja abzielt.

Der Heißdrahtschneider funktioniert nicht, wenn ihr die beiden Drahtenden wie ein gewöhnliches Laubsägeblatt direkt in den Bügel einspannt! Dann würde ja der Strom den kürzeren Weg zwischen den beiden Krokodilklemmen nehmen. Dieses kurze Stück Widerstandsdraht würde sich stark aufheizen, und das längere Drahtende im Bügel bliebe wirkungslos. Aber das alles könnt ihr euch bei näherem Hinsehen selbst erklären!

Die Wärme des Heizdrahtes läßt sich durch unter-

Oben: Maren prüft ihren Styroporschneider, indem sie ein Styroporstück an den warmen Draht heranführt. Unten: So einen Spielzeugtrafo müßt ihr haben. In die beiden Ausgangsbuchsen kommen isolierte Leitungsdrähte mit Krokodilklemmen an den Enden. Das Bild zeigt, wie solche Klemmen aussehen. Unten rechts: Hier seht ihr, wie die Klemmen an der Bügelschraube und am isoliert herausgeführten Draht angesetzt werden.

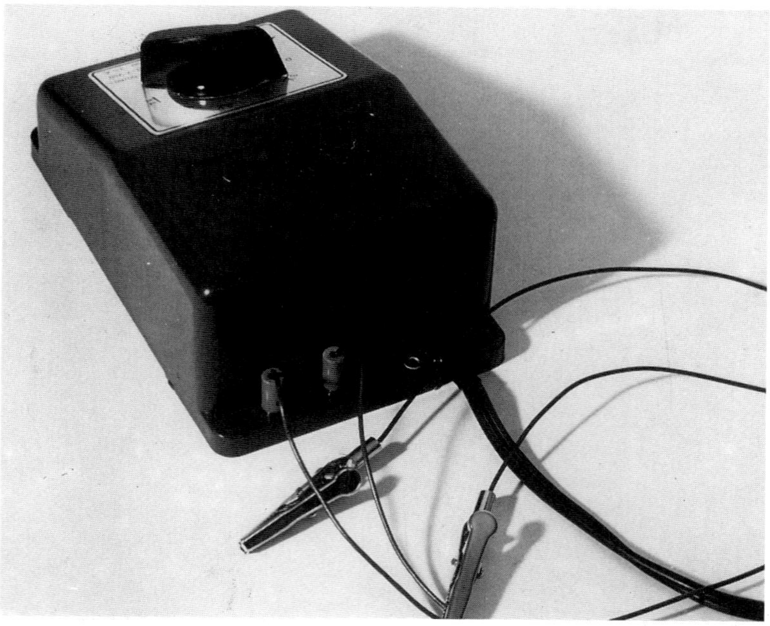

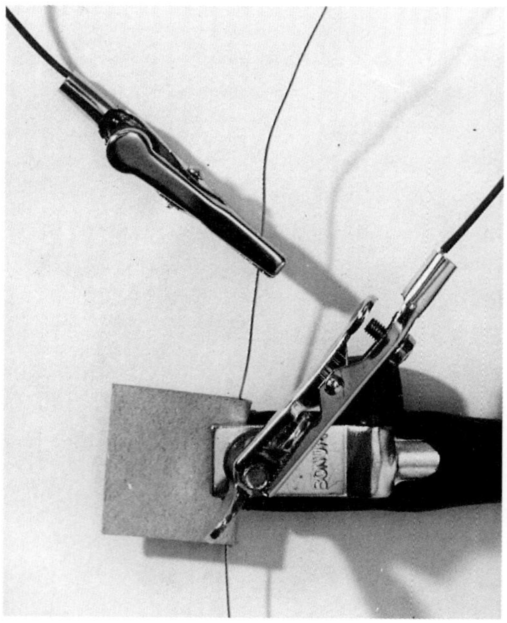

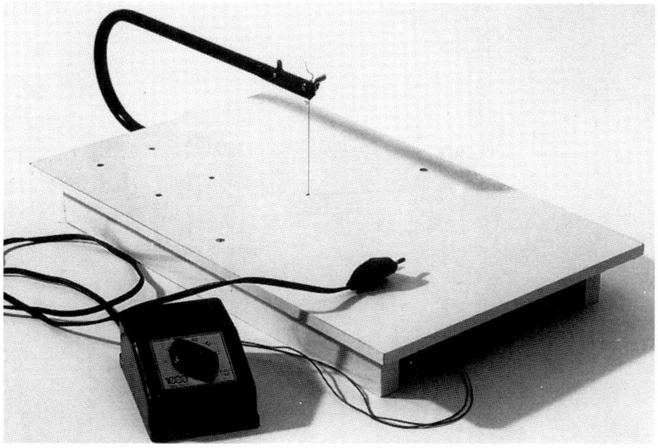

schiedlich langes Abgreifen des Drahtes mit den beiden Krokodilklemmen regulieren. Zunächst werdet ihr feststellen, daß der Draht nach dem Einschalten auch bei niedriggestelltem Trafo zu warm wird. Das angehaltene Stück Styropor schmilzt viel zu schnell, ihr könnt den Schnitt kaum lenken, ohne daß um den Draht herum ein Loch entsteht. Setzt ihr die eine Klemme tiefer an (so daß der Stromweg durch den Draht zwischen beiden Klemmen kürzer wird), dann wird der Draht noch heißer, der Schnitt durch das Styropor noch schneller. Greift ihr aber ein längeres Drahtstück ab, dann ist auch der Weg durch den Draht länger. Dieser Teil erwärmt sich weniger stark, der Schnitt durch das Styropor geht langsamer.

Das Schneidetischchen

Vater bastelt euch so ein praktisches Schneidetischchen, wie es oben abgebildet ist. Der Griff des Laubsägebügels wird abgenommen und der untere Bügelarm mit einer Blechschelle so unter der Platte befestigt, daß der Bogen senkrecht steht. Dann wird der Heizdraht in die obere Bügelschraube eingeklemmt und durch ein kleines Loch in der Platte nach unten gespannt. Unten braucht ihr den Draht nicht wieder in den Bügel einzuklemmen. Es genügt, ihn durch Einknoten einer kleinen Schraubenmutter am Zurückrutschen durch das Loch zu hindern. Damit ihr auch hier die Temperatur regulieren könnt, solltet ihr das untere Drahtende nicht gleich hinter der Schraubenmutter abschneiden, sondern weiterziehen und irgendwo am Gestell befestigen. Dann könnt ihr wieder mit der Krokodilklemme verschiedene Drahtlängen (= Wärmestufen) abgreifen. Die andere Klemme wird natürlich wieder am Bügelmetall angesetzt.

Oben: Zwei Zusatzgeräte für das daneben abgebildete Schneidetischchen. – Für einen »Winkelanschlag« werden einfach zwei kurze Aluminiumwinkelabschnitte mit Metallkleber rechtwinkelig übereinandergeklebt. Ein Winkel kann nun an der Plattenkante gleiten, während der andere mit seiner hochstehenden Wand als Anschlag dient oder das Styroporstück gegen den Draht schiebt. Für schnurgerade Schnitte!
Für einen »Kreisschneider« einen dünnen Nagel durch ein Brettchen schlagen und dieses mit einer Klemme am Rand des Schneidetischchens anklemmen! Nun könnt ihr das Styroporstück auf die hochstehende Nagelspitze aufstecken und gegen den Heizdraht drehen.
Unten: Das sind Bauteile, die Maren mit ihrem Heißdrahtschneider aus beliebigen Styroporresten herausgeschnitten hat.

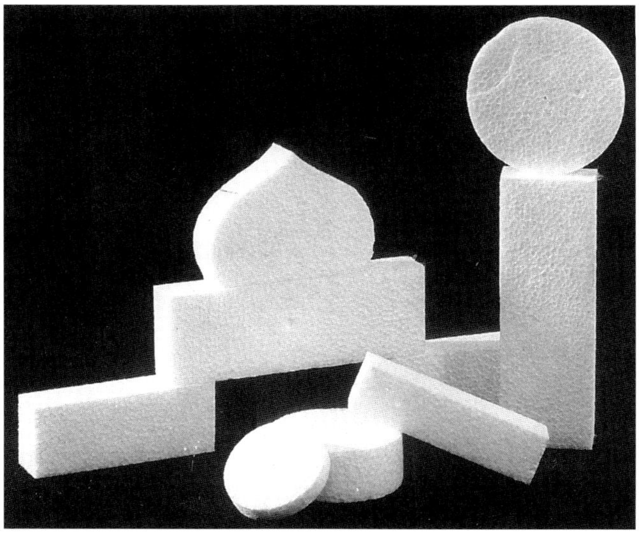

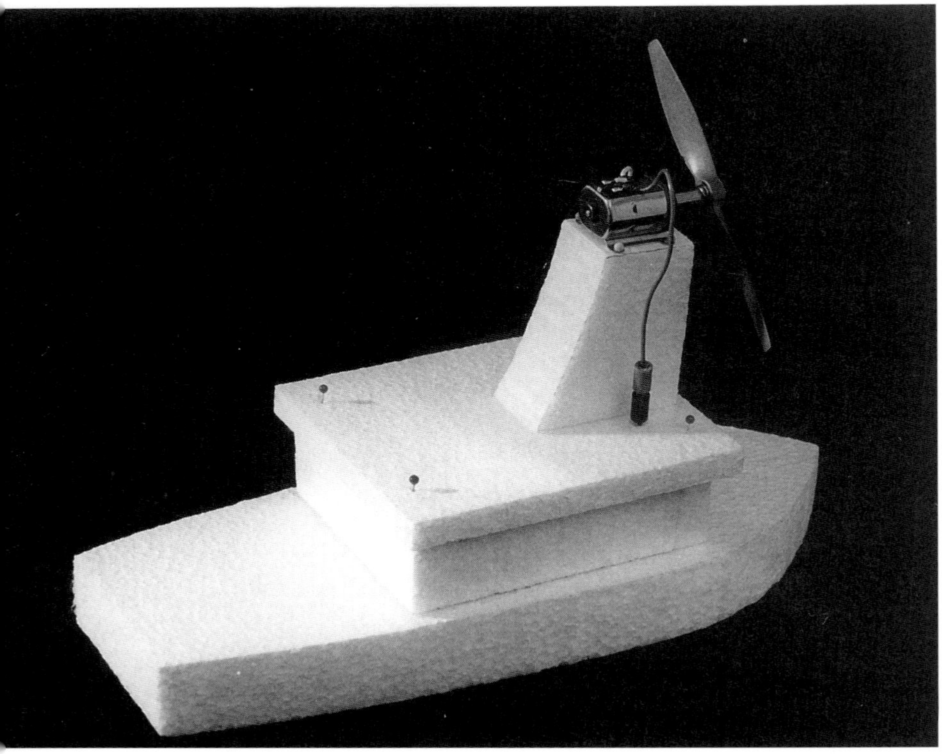

Schiffe aus Styropor

Einen Styroporschneider haben wir ja nun (siehe die vorausgehenden Seiten)! Damit können wir auch gleich etwas anfangen. Zum Beispiel können wir uns jetzt eine Flotte rasanter Schiffe bauen und im Teich oder vom Seeufer aus schwimmen lassen. Antrieb: Elektrisch natürlich! Die dafür benötigten Antriebsteile gibt es in Spielwarengeschäften, die auch eine Modellbauabteilung haben. Laßt euch dort keine hochkomplizierten und teuren Bausatzteile aufschwatzen! Das Billigste genügt!

Styropor gibt es in 50 cm x 100 cm großen Platten in den Bastel- und Werkmittelgeschäften (für Tischlerei- und Heimwerkerbedarf) in den Dicken 1/2 cm, 1 cm, 3 cm und 4 cm zu erschwinglichen Preisen.
Für den Schiffsrumpf empfiehlt sich Styropor in 3 cm Dicke. Bei den Aufbauten kommt ihr mit 1 cm dickem Material aus.
Die Rumpfplatte wird ausgeschnitten. Vertiefungen (z.B. für den Motorkasten) könnt ihr schnell mit einem warmen Lötkolben in das Styropor hineinschmelzen. Die Wände für den Batteriekasten werden am einfachsten mit weißem Tischlerleim auf- und zusammengeklebt. Das hält bombenfest, – ihr müßt dem Leim nur einige Zeit zum Abbinden lassen. Lö-

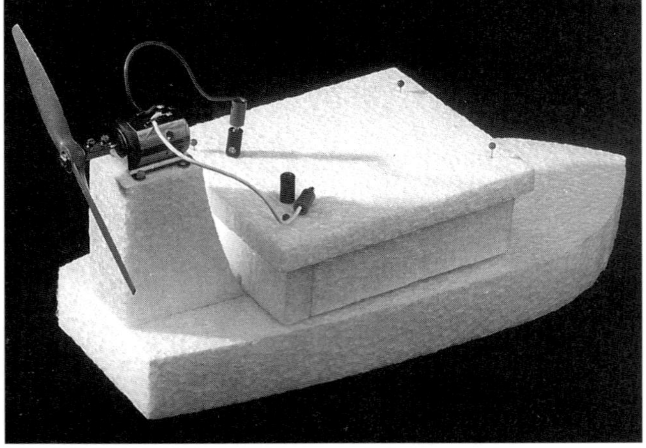

So ein Propellerboot kann von vorn oder von hinten angetrieben werden. Ob die Luftschraube zieht oder drückt – darüber entscheidet die Richtung des Anschlusses an den Batteriepolen. Ausprobieren! – Fährt das Schiff in die falsche Richtung, dann muß »umgepolt« werden. Auch das Propellerboot braucht unbedingt ein Steuer (das den abgebildeten Basteleien noch fehlt)!

sungsmittelhaltige Kleber dürft ihr bei Styropor nicht verwenden! Es empfiehlt sich, hierzu noch einmal die Hinweise auf Seite 134 nachzulesen. Die Abdeckungen für den Motor- und den Batteriekasten sichert ihr am besten mit Glaskopfstecknadeln, so daß ihr die Deckel immer wieder (z.B. zum Auswechseln der Batterie oder um Störungen im Motorkasten zu beheben) abnehmen könnt. Beim Aufsetzen der Deckel werden die Nadeln dann einfach wieder in die Schmalseiten der Styroporwände eingedrückt.
Ein Problem ist das Entwerfen eines symmetrischen Deckplattenumrisses. »Symmetrisch« heißt «gleichmäßig«, zerlegbar in »zwei spiegelgleiche Hälften«. Es ist sehr schwer, so eine gleichseitige Form aus freier Hand zu zeichnen. Versucht es gar nicht erst, sondern bedient euch gleich des einfachen Faltschnittverfahrens. Die Abbildungen rechts zeigen euch, wie man das macht: Ein Stück Zeichenpapier wird einmal gefaltet. Dann wird von der Faltkante aus die Decklinie einer Schiffshälfte vorgezeichnet. Das gefaltete Stück wird ausgeschnitten, auseinandergeklappt und auf das Styropor aufgelegt. Dort könnt ihr dann die symmetrische Deckform mit einem weichen Bleistift oder einem Filzschreiber umfahren.

Antriebsteile
Elektromotor, 3 Volt, mit Welle 2 mm ∅ (Durchmesser) – z.B. JOHNSON 120, oder noch etwas Billigeres (seht dazu die Hinweise auf Seite 126). Angetrieben wird dieser Motor mit einer 4,5 Volt-Taschenlampenbatterie. Schiffswelle mit Stevenrohr, 68 mm Wellenlänge, ebenfalls 2 mm ∅ (z.B. GRAUPNER, Best.Nr. 413). Schiffsschraube dazu, 3flügelig, 30 mm ∅ (z.B. GRAUPNER, Best.Nr. 1382/2).
Luftschraube, 12 cm ∅ (z.B. GRAUPNER, Best.Nr. 1316/12/5).

Bau eines Motorschiffes mit Schraubenantrieb
Der Motor liegt waagerecht, das Stevenrohr mit der Welle wird schräg nach unten geführt. Die Drehbewegung muß also zwischen Motor und Welle »um die Ekke« gelenkt werden. Darin liegt das Problem. Das Verwenden käuflicher Modellbauteile artet hier schnell in kostspielige Unternehmungen aus. Es gibt da z.B. noch eine »flexible Wellenkupplung« oder eine »Doppelkreuz-Gelenkkupplung« zum Verbinden von Motor- und Schraubenwelle. Ihr kommt mit einem Stückchen Fahrradventilgummi oder (noch besser) abgezogener

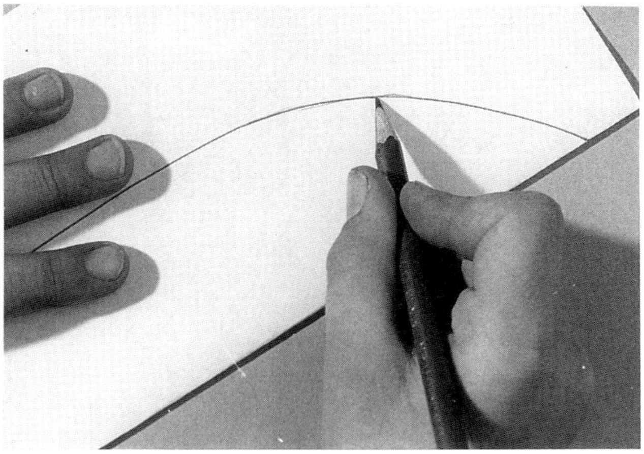

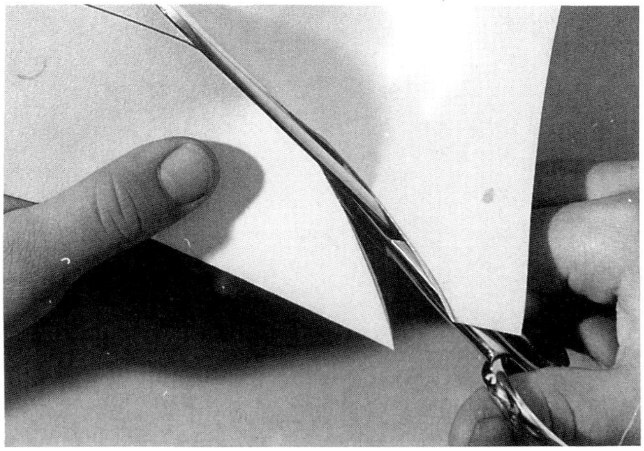

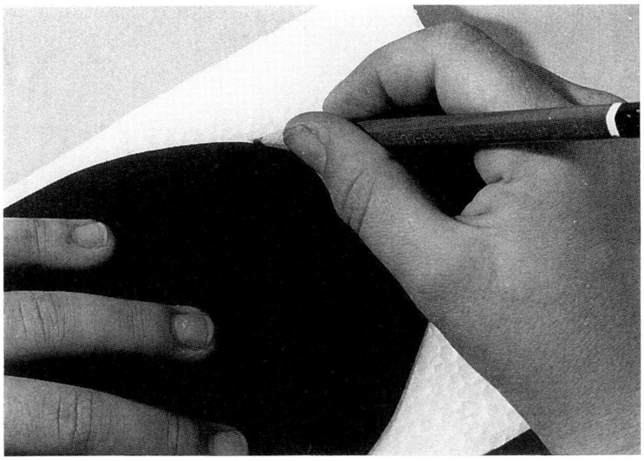

So, mit Hilfe des Faltschnittverfahrens, bekommt ihr schnell eine spiegelgleiche (»symmetrische«) Deckschablone: Ein Stück Zeichenpapier einmal falten, die halbe Deckform vorzeichnen und ausschneiden. Den auseinandergefalteten Schnitt auf das Styropor auflegen und umzeichnen.

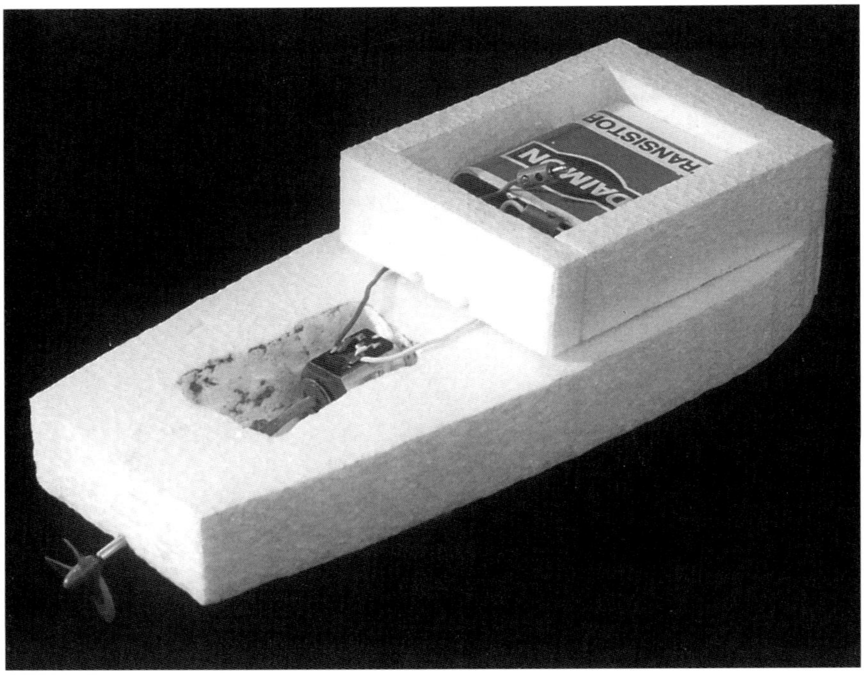

Die Montage des Schraubenantriebs. – Aus naheliegenden Gründen empfiehlt es sich, den Motor möglichst tief zu lagern (die Schraubenwelle sollte nicht zu schräg eingebaut werden). Der Batteriekasten wiederum sollte möglichst hoch, im Trockenbereich und zugänglich, aufgesetzt werden. – Wände des Batteriekastens auf die Deckplatte aufkleben. Gegen das Eindringen von Spritzwasser auch oben abdecken!
Schiff probeweise ins Wasser setzen und den Motor laufen lassen. Fährt das Schiff rückwärts, dann müssen die Anschlüsse an den Batteriepolen umgelegt werden.
Auch diesen beiden Basteleien fehlt noch die dringend notwendige Steuerung. Seht dazu die Abbildung auf der gegenüberliegenden Seite!

Plastikummantelung von isoliertem Leitungsdraht ebensogut aus. Das Loch in der Ummantelung muß etwas enger als der Wellendurchmesser sein, also nicht weiter als 1,5 mm. Motor- und Schraubenwelle werden einfach von beiden Seiten in das kurze Schlauchstück hineingesteckt.

Bau eines Schiffes mit Luftschraubenantrieb
Guckt euch die beiden Bilder auf Seite 138 an! Die Luftschraube braucht Platz für ihre Umdrehungen. Der Antriebsmotor muß also auf einem »Turm« befestigt werden (wie, das sei eurer Erfindungsgabe anheimgestellt)!
Luftschrauben – haltet euch an die 12 cm zwischen beiden Propellerenden! – werden ohne Welle verkauft. Die Bohrung in der Mitte ist meistens größer als der Durchmesser der Motorwelle. Was tun? Nikolaus kam auf die Idee, Motorwelle und Schraube mit dem Innenteil einer Lüsterklemme zu montieren.
Lüsterklemmen braucht der Elektriker, um zwei Leitungsdrähte miteinander zu verbinden. Das Kunststoffgehäuse der Klemme wird entfernt (Seitenschneider oder Kneifzange nehmen!). Zum Vorschein kommt ein kurzes Messingröhrchen mit 2 Klemmschrauben. In das eine Ende wird die Motorwelle eingeklemmt, in das andere die Luftschraubenwelle. Dafür hat Nikolaus einfach eine 10 mm lange Zylinderschraube (3 mm ∅) mit einem kräftigen Schraubenzieher von der Vorderseite des Propellers aus durch die Bohrung der Propellernabe in den Kunststoff eingedreht. Also: Lüsterklemme (Elektrogeschäft), Zylinderschraube, 10 mm lang, 3 mm ∅ (Werkzeughandlung), – beides zusammen kostet ebensoviel wie ein Rahmbonbon.
Mit kleinen Spielzeugsteckern und -buchsen (Elektrogeschäft) könnt ihr die Leitungsdrähte leicht zusammenschließen. Wenn ihr es eleganter haben wollt, könnt ihr euch auch einen kleinen Schalter irgendwo einbauen.
Schließlich: Alle Schiffe müssen ein Steuer haben. Bastelt es euch aus Konservendosenblech und einem Rundholzstäbchen und erfindet dazu auch eine praktische Halterung!

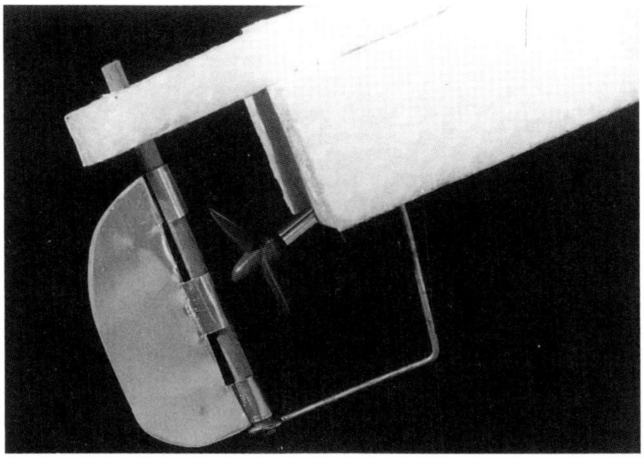

Oben: Blick in den Motorraum (Wellenanschluß!) und auf seine Abdeckung. – Nikolaus machte die Erfahrung, daß das Schiff ohne Steuer unkontrollierte Kreise fuhr. Das Steuer muß in seinem Lager stramm sitzen (es darf sich während der Fahrt nicht selbst verstellen)!

Wie spät ist es anderswo?

Vielleicht wollt ihr einmal euren Freund in Amerika anrufen und wißt nicht, daß der Gute noch schläft! Oder ihr habt auf Kurzwelle die deutschsprachigen Nachrichten des Senders Peking hereinbekommen und fragt euch, wie spät es eigentlich gerade in Peking ist. Dieses und mehr kann euch unsere »Weltzeituhr« sagen, mit der ihr euch immer wieder gut unterhalten werdet!

Unsere Zeitzählung beginnt mit dem Augenblick, in dem die Sonne ihren tiefsten Stand unter dem Horizont erreicht. Dann ist es für uns 0 Uhr oder Mitternacht. Noch während wir schlafen, beginnt der neue Tag. Die Sonne geht am Morgen im Osten auf und erreicht ihren Höchststand um Mittag. Verfolgen wir ihren Weg am Himmel, dann erscheint es uns, als umwandere sie die Erde im Laufe des Tages von Ost nach West. Für den vollen Umlauf braucht sie 24 Stunden.
Schauen wir in den Atlas, dann sehen wir, daß alle Karten von einem Gitternetz feiner Haarlinien überzogen sind. Die senkrechten Linien (die Längengrade, auch »Mittagslinien« genannt) sind Teile großer Kreisbögen, die den ganzen Globus über die Pole hinweg umlaufen. Die waagerechten Linien

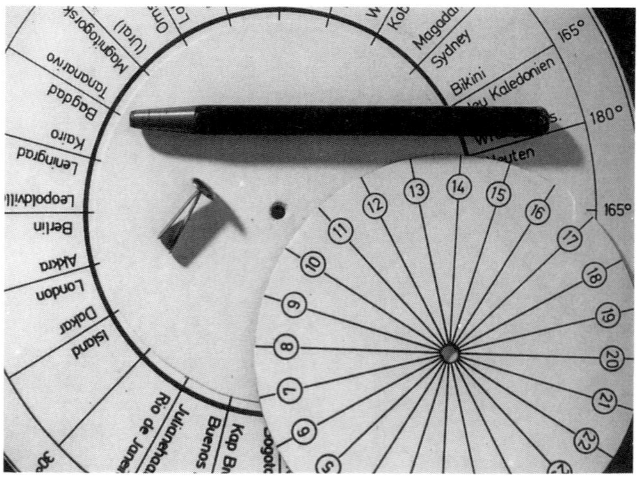

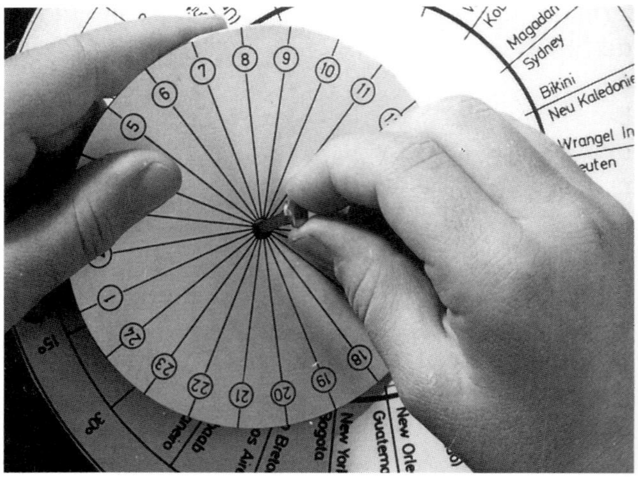

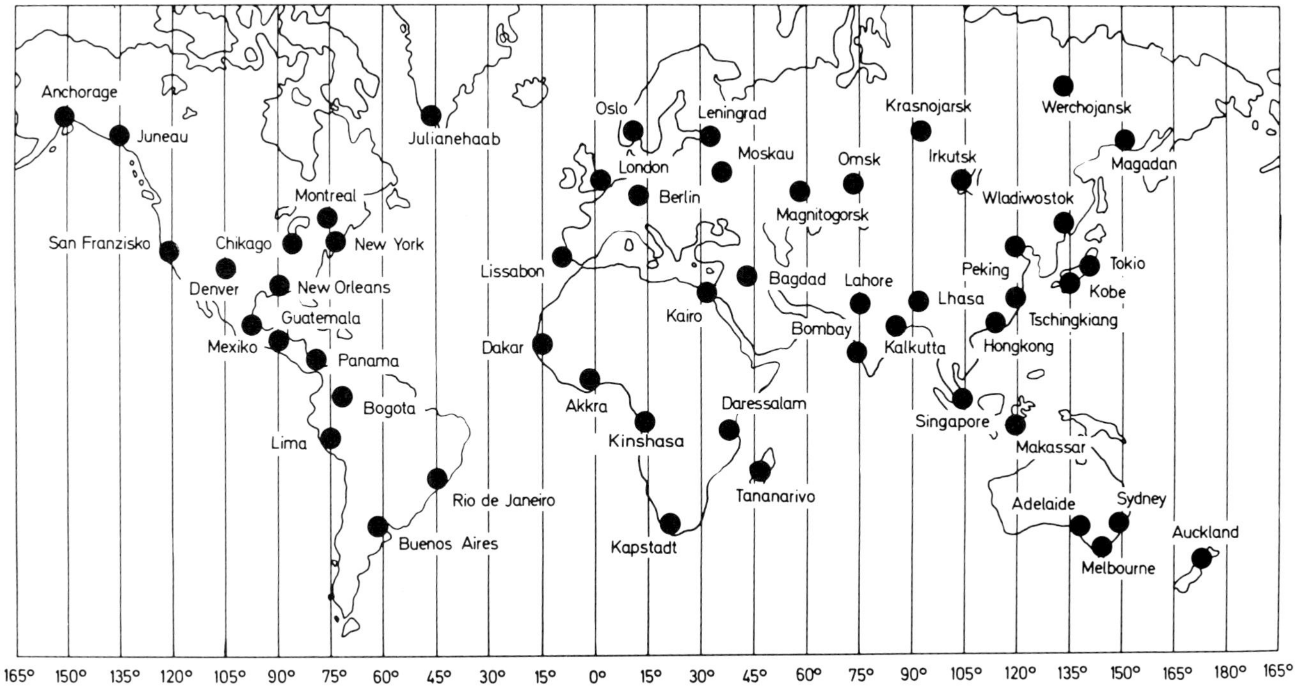

(Breitengrade) umfahren die Erde parallel zum Äquator. Alle Orte auf der Erde lassen sich in dieses Liniennetz eintragen. Jeder Ort hat seinen eigenen Längengrad (seine »geographische Länge«) und seinen eigenen Breitengrad (seine »geographische Breite«). Uns interessieren hier nur die Längengrade, – also die sogenannten »Mittagslinien«.

Es versteht sich, daß alle Orte, die auf einunddemselben Längengrad liegen (Beispiel: Berlin und Luanda in Angola), auch zu gleicher Zeit Mittag haben müssen. Das heißt, daß die Sonne für diese Orte ihren höchsten Stand täglich zum gleichen Zeitpunkt erreicht,– während Orte, die auf verschiedenen Längengraden liegen, zu unterschiedlicher Zeit Mittag haben. So hat jeder Ort der Erde seine eigene »Ortszeit«, was praktisch besagt, daß die Uhren in Moskau oder Paris anders gehen als in Berlin oder Wien. Denken wir uns der Einfachheit halber die Erde (nach der Gradeinteilung) von 360 Mittagslinien umgeben, – dann beträgt der Mittagsunterschied für die Orte, die jeweils auf einem anderen Grad liegen, 4 Minuten – oder für je 15 Grad eine volle Stunde.

Daß sich bei solchen Zeitunterschieden kein einheitlicher und überall geltender Fahrplan aufstellen läßt, ist eine Schwierigkeit, die man bereits im Jahre 1893 (mit dem aufkommenden Eisenbahnverkehr) aus der Welt schaffen wollte, und zwar durch die Zusammenfassung einheitlicher Gebiete zu gemeinsamen »Zeitzonen«.

Oben: Die Weltkarte, aufgeteilt in Mittagslinien, die jeweils einen Zeitunterschied von 1 Stunde entsprechen.

Unten: Vorlage zum Kopieren, – siehe S. 144!

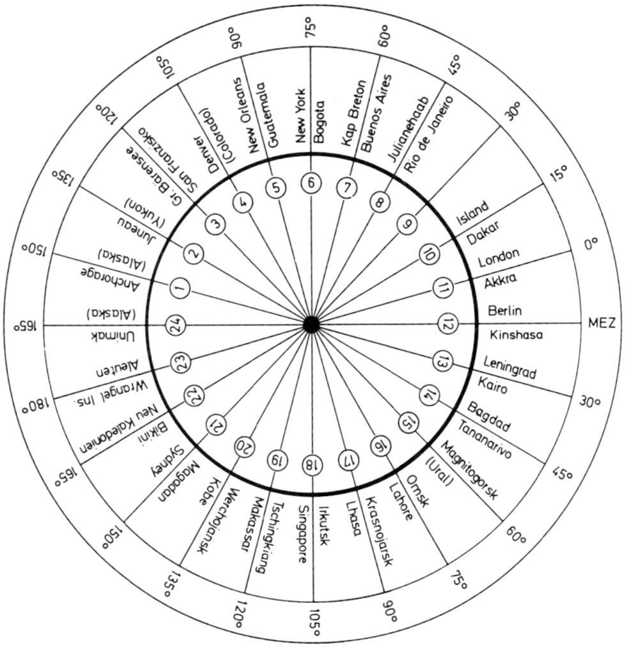

Europa wurde damals in drei Zeitzonen eingeteilt: Alle Länder, die von der London-Greenwicher 0°-Mittagslinie berührt werden, das sind England, Frankreich, Spanien und Portugal, liegen in der »westeuropäischen Zeitzone« und sollen ihre Uhren auf »westeuropäische Zeit« (WEZ) einstellen. – Die 15 °-Mittagslinie berührt Schweden, Norwegen, Dänemark, Deutschland, Österreich und Italien. Diese Länder wurden zur »mitteleuropäischen Zeitzone« (MEZ) zusammengefaßt. – An der 30° -Mittagslinie, also in Rußland und südlich davon, richtet man sich nach »osteuropäischer Zeit« (OEZ).
Für uns ist es wichtig, zu wissen, daß die 15°-Mittagslinie, nach deren Sonnenstand wir uns richten, den Ort Stargard in Pommern (Szczecinski, Polen) berührt, und daß daher die Ortszeit von Stargard auch noch in Köln gilt, wo die Sonne tatsächlich erst eine halbe Stunde später aufgeht. Zwischen Berlin und Köln besteht ein tatsächlicher Zeitunterschied von 26 Minuten!

Und so wird die »Weltzeituhr« gebastelt:
Die kreisförmige Zeichnung von der vorhergehenden Seite mit einem Kopierer, der auch vergrößern kann, zweimal auf etwa 18 cm Scheibendurchmesser vergrößert kopieren. Die Scheibe auf der 1. Kopie mit der Schere voll ausschneiden. Aus der 2. Kopie wird nur der innere Scheibenkreis (Stundenkreis) ausgeschnitten.
Beide Scheiben werden nun auf dünne Pappe geklebt, mit der Schere randgenau umschnitten, in der Mitte gelocht und mit einer Briefverschlußklammer (Knopfklammer) drehbar übereinandergesteckt (seht dazu die Abbildungen auf Seite 142).
Die große (untere) Scheibe enthält alle Orte entsprechend der Weltkartenskizze, deren senkrechte Linien (15° -Abstände) einstündige Zeitunterschiede markieren. – Die kleine (obenaufliegende) Scheibe enthält Teillinien mit den vierundzwanzig Stundenziffern.
Wir probieren die Uhr aus: Ist es bei uns (MEZ) 12 Uhr, so muß es in New-York (an der westlichen 75° Teillinie auf der Weltkarte) 6 Uhr morgens sein. Wir drehen die Uhr auf 18 Uhr »Mitteleuropäische Zeit« (MEZ). In New York ist es dann gerade Mittag!